영적 전쟁과 천국 복음

국립중앙도서관 출판시도서목록(CIP)

영적 전쟁과 천국 복음
= Spiritual war and gospel of heaven :
생명과 성령의 법으로 복 있는 사람 / 지은이: 홍영화.
— 고양 : 크리스챤연합신문, 2015
112p. ;   15.2×22.5cm

ISBN 979-11-85779-02-7 03230 : ₩5000

설교집[說敎集]
기독교[基督敎]

235.2-KDC6
252-DDC23   CIP2015020265

영적 전쟁과 천국 복음

1판 1쇄 인쇄 2015년 7월 30일
1판 1쇄 발행 2015년 8월 5일

지은이   홍영화

발행인 지미숙
편집장 김민선

펴낸곳 크리스챤연합신문
주   소 경기도 고양시 일산서구 주엽동 50번지 강선마을 6단지 상가 B03
이메일 cupress@hanmail.net
등   록 2001. 08. 31 / 제 300-2001-171호

ISBN 979-11-85779-02-7   03230

SPIRITUL WAR AND GOSPEL OF HEAVEN

영적 전쟁과 천국 복음

홍영화 지음

크리스찬연합신문

생명과 성령의 법으로 복 있는 사람

어느 목사님의 소개로 알게 된 홍영화 목사님의 첫 인상은 해맑았다.

여느 목사들이 즐겨 입는 정장이 아닌 화려하고 독특한 색상과 무늬의 블라우스를 입고 〈내 영이 주를 찬양합니다〉를 부르던 모습이 인상적이었다.

사춘기 소녀처럼 까르르~ 마치 반들반들한 조약돌이 굴러가듯한 웃음소리는 환한 미소만큼이나 상큼했다. 후에 홍 목사님의 웃음 뒤에 있는 모파상의 단편소설 《여자의 일생》을 만나건 충격과 아픔이었다.

교회 신축 부지를 마련하고 새 성전의 소망을 갖고 있던 중에 가장 믿었던 성도의 헌금 횡령 사건은 이제껏 쌓았던 제단을 한순간에 무너뜨리고 가족 같은 성도들을 뿔뿔이 흩어지게 만들었다. 하지만 홍 목사님은 다시 일어섰다.

인근에 조립식 건물을 임차해 예쁘게 리모델링을 하고 예배를 드리던 날 눈가에 맺힌 이슬은 쉽사리 마르지 못했다. 그러던 중, 또 한번의 폭풍으로 결국 목회를 당분간 접어야 했고 더는 겪지 말아야 할 가장 처절한 이별을 감내해야 했다.

가까운 곳에 있으면서도 바쁘다는 핑계로 자주 연락하지 못한 사이에 홍 목사님은 영적 거듭남의 은혜를 받아 사람의 위로가 아닌 '회전하는 그림자도 없으신' 하나님으로부터 큰 위로와 용기를 얻었다.

하나님께서는 홍 목사님 주변 가까운 사람들을 하나둘 떨구시고 오직 위로부터의 신령한 은혜만을 구하도록 철저히 홀로 두신 것이다. 몸부림쳤을 시간과 고통, 그리고 애통했을 모습을 생각하면 가슴에 멍울이 올라오지만 상한 갈대를 꺾지 않으시는 하나님은 홍 목사님의 심령 안에 직접 하나님이 거하실 처소인 성전을 건축하신 것이다. 이제는 보이지 않는 주 안에서의 성전이 세워졌기에 신령과 진정어린 예배를 통해서 소통하는 행복을 누리고 있다.

유진 피터슨이 조명한 '바울이 사용한 교회'라는 은유에서 엿볼 수 있듯 우리를 구별시켜 하나님을 예배하게 하는 장소, 즉 주 안에 있는 '성전'은 말씀이 육신이 되신 놀라운 말씀을 계시하며 거하시는 곳이다.

비로소 홍 목사님은 진정한 자유를 누리며 그의 심령 안에 주님의 모퉁이돌로 서까래와 들보, 마루와 천장, 문과 창문틀의 요소를 구성하고 진통 끝에 마침내 '생명의 성령의 법'의 성전을 책으로 내놓았다.

완숙된 세련미보다 솔직하고 다듬어지지 않은 삐뚤삐뚤 크레용으로 눌러 쓴 일기 같은 이번 책에서 복음의 생명과 성령은 수미쌍관(首尾雙關)의 일관성을 지닌, 그러면서도 가장 본질적 메타포란 점에서 아낌없는 박수를 보낸다.

크리스챤연합신문 발행인
지미숙 목사

| 차례 |

추천사
머리말

| 머리말 |

숨 가쁘게 달려온 수많은 시간들 속에 지난날 내 모습을 뒤돌아보면서 이제야 비로소 알 수 있을 것 같습니다.

'아! 나는 이렇게 될 수밖에 없었구나.' 그 수많은 시간 속에서 자신과의 싸움에 처절했던 몸부림들이 결국 나를 망하게 만들었고 그토록 사랑했던 사람들이 왜 배신하고 떠났는지를 깨닫게 되었습니다. 그들에게 날마다 '율법'을 먹여 독사의 새끼들을 키운 결과였기에, 너무도 당연한 것이었습니다. 이젠 어느 한 사람도 내 곁에 남아 있는 사람이 없습니다. 그토록 애지중지했던 마지막 남아 있던 아니 그중 제일 '독'을 많이 먹고 자란 아들까지도 등을 돌렸습니다.

하지만 이제는 말할 수 있습니다. 너무도 가슴 아프고 찢어지는 고통과 극한 아픔 속에서 이제서야 승리의 기쁨을 누리며 그분과 함께 천국에 살아가고 있다는 사실을 말입니다.

부족한 나를 당신의 생명 안으로 이끄시어 진리 안에서 자유함을 누리고 새 언약의 일꾼이 되어 천국 복음을 전하게 하신 주님께 다시금 기쁨과 감사의 뜨거운 눈물을 드립니다.

누가 보아도 나는 '실패'한 자입니다. 목회의 실패자입니다. 그러나 누구보다도 지금의 나는 행복합니다. 기쁩니다. 그리고 더욱더 그분을 사랑하며 유대인이나 헬라인에게 빚진 자라고 한 바울처럼 나 역시 빚진 자로서 내 안에 계신 주님과 함께 이 천국 복음을 전하러 다닙니다. 이 생명 다하는 그 순간까지.

언젠가 이 육신의 장막을 벗고 내 사랑하는 주님 품 안에서 쉬고 있을 때 나의 사랑하는 두 딸이 울지 않기를 바라는 간절한 마음은 엄마이기를 포기하며 살아온 못난 엄마가 이 땅에서 남겨주는 마지막 사랑입니다.

또 나의 두 딸이 살아가면서 힘든 일들이 생길 때마다 기도하면서 날마다 승리하기를, 주님 안에서 복된 삶을 살아가기를 소원하면서 그들에게 이 책을 남깁니다. 특별히 연약한 종을 위해 영적인 전사로 부름 받은 기도의 중보자인 이혜선 권사님과 나의 사랑하는 언니 홍옥자 권사님에게 감사드립니다. 또한 이 책이 나올 수 있도록 도움을 주신 이성원, 권정언 집사님 부부와 임영남 집사님께 감사드립니다. 나의 사랑하는 주님께서 이 모든 수고를 갚아주시리라 믿습니다.

"나의 사랑하는 주님! 당신의 생명 안에서 날마다 주님의 영광과 생명의 복음을 주셔서 감사합니다. 사랑합니다. 주님!"

홍영화

제 1 부

천국
복음

01
옛 언약

하나님께서 세우신 언약은 두 가지가 있습니다.

사람의 생명이 두 가지이기 때문에 언약도 두 가지입니다. "그는 육신에 속한 한 계명의 법을 따르지 아니하고 오직 불멸의 생명의 능력을 따라 되었으니"(히 7:16)에서 육신의 생명과 연관된 첫 언약을 말씀합니다.

"기록된 바 아브라함에게 두 아들이 있으니 하나는 여종에게서, 하나는 자유 있는 여자에게서 났다 하였으며 여종에게서는 육체를 따라 났고 자유 있는 여자에게서는 약속으로 말미암았느니라 이것은 비유니 이 여자들은 두 언약이라 하나는 시내 산으로부터 종을 낳은 자니 곧 하갈이라"(갈 4:22~24).

여기서 하갈은 육체이고 육체에서 상관된 언약이 바로 옛 언약인 것입니다. 이 언약은 모세를 통하여 이스라엘 민족을 애굽 땅에서 인도해내던 날 호렙 산(시내 산)에서 세운 언약입니다.

옛 언약은 여호와께서 호렙 산에서 불 가운데 나타나셔서 모세가 이스라엘 민족과 여호와의 중간에 서서 여호와의 말씀을 듣고 이스라엘 민족에게 전해주어 세운 언약이 옛 언약입니다(신 5:1~5).

또 이 언약은 신명기 5장 22절에 "여호와께서 이 모든 말씀을 산 위

불 가운데, 구름 가운데, 흑암 가운데에서 큰 음성으로 너희 총회에 이르신 후에 더 말씀하지 아니하시고 그것을 두 돌판에 써서 내게 주셨느니라"라고 기록되어 있습니다. 그래서 돌판에 기록하여 주었다 하여 의문이라 하고 모세를 통하여 주셨다 하여 모세의 율법이라고 합니다.

그렇다면 옛 언약을 주신 목적은 무엇일까요? 먼저 옛 언약(율법)은 죄를 깨닫게 합니다.

"그러므로 율법의 행위로 그의 앞에 의롭다 하심을 얻을 육체가 없나니 율법으로는 죄를 깨달음이니라"(롬 3:20).

또한 율법은 우리를 예수님에게로 인도하는 몽학선생, 초등교사의 역할을 합니다.

"이같이 율법이 우리를 그리스도께로 인도하는 초등교사가 되어 우리로 하여금 믿음으로 말미암아 의롭다 함을 얻게 하려 함이라"(갈 3:24).

이렇듯 율법(첫 언약)에 속하여 살아가는 사람들은 지금도 사람의 소리에 귀를 기울이고 그 말에 순종하며 열심을 냅니다. 그 일이 하나님을 위한 일일지라도 자기 마음이 앞서고 자기 열심과 의로움이 앞서 자신만이 주님을 사랑하고 주님을 위해 산다고 착각하고 있습니다.

모든 것을 육신의 것과 결부시키며 하나님의 능력을 받아 하나님의 뜻대로, 하나님을 위해 살도록 감정에 호소해 의지를 발동시킵니다. 기록된 말씀대로 살도록 강조하고, 그래야 축복을 받고 건강을 얻는다고 합니다. 어려움이 오고 고난이 오는 것은 말씀대로 살지 않기 때문이라고 말합니다.

기록된 말씀이나 사람의 이야기를 듣고 지키고 살려는 것이 바로 율법으로 사는 것입니다. 율법은 좋으나 안타깝게도 우리는 그것을 지킬 수 있는 힘이 없습니다.

"기록된 바 의인은 없나니 하나도 없으며"(롬 3:10).

"율법 안에서 의롭다함을 얻으려 하는 너희는 그리스도에게서 끊어지고 은혜에서 떨어진 자로다"(갈 5:4).

그래서 바울은 "너희가 믿음 안에 있는가 너희 자신을 시험하고 너희 자신을 확증하라 예수 그리스도께서 너희 안에 계신 줄을 너희가 스스로 알지 못하느냐 그렇지 않으면 너희는 버림받은 자니라"(고후 13:5), "무릇 율법 행위에 속한 자들은 저주 아래에 있나니 기록된 바 누구든지 율법 책에 기록된 대로 모든 일을 항상 행하지 아니하는 자는 저주 아래에 있는 자라 하였음이라"(갈 3:10)라고 했습니다. 이렇듯 첫 언약에 속한 자들, 의문에 속한 자들에게는 주님을 보고 듣고 깨달을 수 있는 마음을 주시지 않았기에 신앙생활이 힘들고 피곤합니다.

첫 언약(옛 언약)에 속한 사람들의 열심은 참으로 대단합니다. "기록된 바 하나님이 오늘까지 그들에게 혼미한 심령과 보지 못할 눈과 듣지 못할 귀를 주셨다 함과 같으니라"(롬 11:8)고 말합니다.

저 역시 그랬던 사람입니다. 제 의지를 동원해서 날마다 기도 훈련과 육신을 쳐서 복종한다며 강대상이 저의 침상이요, 허구한 날 철야와 금식을 하니, 곁에 있던 아들이 얼마나 괴롭고 힘들었겠습니까? 주일날은 돈을 써도 안 되고, 드라마는 세속에 물든다고 못 보게 했습니다. 부흥회에 갔다 오면 영력을 채워야 한다며 철야하고, 고래고래 소리 지르며 부르짖어대니 항상 쉰 목소리였습니다. 지금 생각하면 '도' 닦느라, 자기 열심이었던 것이죠.

지금은 참으로 자유롭습니다. 참고로 말씀드리면 율법(의문)에 대한 사람의 가르침은 그리스도에게로 이끄는 역할이며, 이제 그 모든 말씀들은 내 안에서 다시 되새김질이 되어서 내 안에서 말씀하시는 주님의 음성으로 다시 듣고, 주님이 주시는 마음으로 살아야 한다는 것입니다.

이렇듯 옛 언약(율법)은 죄를 깨닫게 하고(롬 3:20) 그리스도 예수를 믿음으로 의롭게 되는 것을 알게 하여(갈 2:16) 예수님에게로 인도하는 몽학선생 혹은 초등교사의 역할을 하도록 율법을 주었습니다. 또 갈라디아서 3장 19절은 "그런즉 율법은 무엇이냐 범법하므로 더하여진 것이라 천사들을 통하여 한 중보자의 손으로 베푸신 것인데 약속하신 자손이 오시기까지 있을 것이라"고 했습니다. 이처럼 옛 언약은 그리스도가 오시기까지 주신 언약입니다. 이제는 옛 언약을 폐하셨습니다.

옛 언약은 육체에 상관된 계명이기 때문에 하나님과 원수가 되고 하나님의 법에 굴복하지 않습니다.

"육신의 생각은 하나님과 원수가 되나니 이는 하나님의 법에 굴복하지 아니할 뿐 아니라 할 수도 없음이라"(롬 8:7).

그래서 예수님은 옛 언약을 폐하시고 새 언약을 세우기 위하여 새 언약의 중보자로 오십니다.

"이로 말미암아 그는 새 언약의 중보자시니 이는 첫 언약 때에 범한 죄에서 속량하려고 죽으사 부르심을 입은 자로 하여금 영원한 기업의 약속을 얻게 하려 하심이라"(히 9:15).

그리고 예수 그리스도로 말미암아 계명의 율법을 폐하시고(엡 2:15), 우리를 거스르고 불리하게 하는 법조문으로 쓴 증서를 지우시고 제하여버리사 십자가에 못 박으십니다(골 2:14). 그러므로 율법과 선지자는 요한의 때까지이며 그 후부터는 하나님 나라의 복음이 전파되어 사람마다 그리로 침입하게 됩니다.

"율법과 선지자는 요한의 때까지요 그 후 부터는 하나님 나라의 복음이 전파되어 사람마다 그리로 침입하느니라"(눅 16:16).

"그리스도는 모든 믿는 자에게 의를 이루기 위하여 율법의 마침이 되시니라"(롬 10:4).

그래서 그리스도 안에서 옛 것을 폐하시고 둘째 것을 세우신 그리스도 안에서 살아야 합니다.

"그 후에 말씀하시기를 보시옵소서 내가 하나님의 뜻을 행하러 왔나이다 하셨으니 그 첫째 것을 폐하심은 둘째 것을 세우려 하심이라"(히 10:9).

02
새 언약

　새 언약은 이스라엘 민족이 가나안 땅을 눈앞에 두고 모압 땅에서 하나님과 맺은 언약입니다. 이 언약은 호렙 산에서 맺은 언약과 같지 아니하고 언약의 대상자 역시 이스라엘 민족에 한정되어 있지 않습니다.

　"내가 이 언약과 맹세를 너희에게만 세우는 것이 아니라 오늘 우리 하나님 여호와 앞에서 우리와 함께 여기 서 있는 자와 오늘날 우리와 함께 여기 있지 아니한 자에게까지이니"(신 29:14~15).

　그러므로 이 언약의 대상자는 오늘날 우리까지 해당됩니다. 하나님은 마음에 할례를 베풀어 옛 사람을 장사지내라고 하셨습니다.

　"또 그 안에서 너희가 손으로 하지 아니한 할례를 받았으니 곧 육의 몸을 벗는 것이요 그리스도의 할례니라 너희가 세례로 그리스도와 함께 장사되고 또 죽은 자들 가운데서 그를 일으키신 하나님의 역사를 믿음으로 말미암아 그 안에서 함께 일으키심을 받았느니라"(골 2:11~12).

　이렇듯 예수님께서는 우리를 새 생명으로 거듭 태어나게 해서 마음을 다하고 뜻을 다하고 성품을 다하여 하나님을 사랑하게 해주시고 복을 주시겠다고 약속하셨습니다.

"그날 후에 내가 이스라엘 집과 맺을 언약은 이러하니 곧 내가 나의 법을 그들의 속에 두며 그들의 마음에 기록하여 나는 그들의 하나님이 되고 그들은 내 백성이 될 것이라 여호와의 말씀이니라"(렘 31:31~33).

또 에스겔 선지자를 통하여서 다시 말씀하십니다.

"내가 그들에게 한 마음을 주고 그 속에 새 영을 주며 그 몸에서 돌 같은 마음을 제거하고 살처럼 부드러운 마음을 주어 내 율례를 따르며 내 규례를 지켜 행하게 하리니 그들은 내 백성이 되고 나는 그들의 하나님이 되리라"(겔 11:19~20).

"내가 그들과 화평의 언약을 세워서 영원한 언약이 되게 하고 또 그들을 견고하고 번성케 하며 내 성소를 그 가운데에 세워서 영원히 이르게 하리니"(겔 37:26).

그리고 하나님의 뜻을 분명히 말합니다.

"그 후에 말씀하시기를 보시옵소서 내가 하나님의 뜻을 행하러 왔나이다 하셨으니 그 첫째 것을 폐하심은 둘째 것을 세우려 하심이라"(히 10:9).

새 언약을 세우는 것이 하나님의 뜻이라고 말합니다. 그러므로 예수님이 이 땅에 오신 이유와 목적은 옛 언약을 폐하시고 새 언약을 이루시기 위하여 오신 것입니다.

"저 첫 언약이 무흠하였더라면 둘째 것을 요구할 일이 없었으려니와"(히 8:7).

"이로 말미암아 그는 새 언약의 중보자시니 이는 첫 언약 때에 범한 죄에서 속량하려고 죽으사 부르심을 입은 자로 하여금 영원한 기업의 약속을 얻게 하려 하심이라"(히 9:15).

예수님은 새 언약의 중보자로서 인류의 모든 죄를 지시고 십자가에서 죽으셔야만 했던 것입니다.

"유언은 유언한 자가 죽어야 되나니 유언은 그 사람이 죽은 후에야 유효한 즉 유언한 자가 살아 있는 동안에는 효력이 없느니라"(히 9:16~17).

하나님은 신명기 29장 14~15절, 예레미야 31장 31절, 에스겔 11장 19~20절 등 수많은 곳에서 약속하시고 맹세하셨기에 그 뜻을 이루시려고 이 땅에 인간의 몸을 입고 오셔서 속죄 제물이 되어 십자가에서 죽으십니다. 그리고 아벨의 피보다 더 나은 피를 우리 마음에 뿌려 우리 육신의 굳은 마음을 제거하고 부드러운 마음을 주어 착하고 좋은 마음, 곧 그리스도의 마음을 주어 하나님의 사랑을 알게 합니다.

"새 언약의 중보자이신 예수와 및 아벨의 피보다 더 나은 것을 말하는 뿌린 피니라"(히 12:24).

이렇듯 십자가의 죽음과 부활을 통해 지금까지 율법의 수건으로 가려져 그리스도를 알지 못했던 것이 벗겨짐으로 거울로 보는 것같이 주의 영광(사랑)을 보고 그의 형상으로 변하여 영광에 이르게 됩니다(고후 3:14~18).

"내가 그리스도와 함께 십자가에 못 박혔나니 그런즉 이제는 내가 사는 것이 아니요 오직 내 안에 그리스도께서 사시는 것이라 이제 내가 육체 가운데 사는 것은 나를 사랑하사 나를 위하여 자기 자신을 버리신 하나님의 아들을 믿는 믿음 안에서 사는 것이라"(갈 2:20).

이제 성령이 친히 내 마음에 기록된 그리스도의 법 안에서 말씀하시고 가르치시고 생각나게 하십니다. 그리고 주님을 사랑하는 마음을 주시고 스스로 거룩하고 의롭게 선한 하나님의 말씀을 사람에게서 듣고, 배우고, 살려고 하던 곳에서 자유함을 누리게 하십니다. 새 언약이 내 안에 이루어진 사람은 내 안에서 말씀하시는 주님의 음성을 듣고, 주시는 그 마음에 순종하며 살아가는 것입니다. 하나님의 뜻은 새 언약을 세우는 것입니다. 이제는 육신에 상관된 옛 언약에서 벗어나 새 언약 안에서 주님을 누리고 살아야 합니다.

새 언약은 우리의 마음에 할례(세례)를 베풀어(성령 세례를 의미) 육신의 굳은 마음을 없애고 부드러운 마음을 주어 친히 말씀하시고 가르치시겠다는 약속입니다(고후 3:1~8). 성령 안에서 오신 그리스도께서는 나를 성전 삼고 먹든지 마시든지 영원히 함께 사랑하며 사시기를 원하십니다.

"너희가 하나님의 성전인 것과 하나님의 성령이 너희 안에 거하시는 것을 알지 못하느냐"(고전 3:16).

이제는 내 스스로가 무언가를 하려고 하는 마음은 내려놓아야 할 것입니다. 내 안에 계신 주님께서 나를 통해서 일하시도록 우리는 주님의 도구의 통로가 되어야 합니다.

"너희도 성령 안에서 하나님의 거하실 처소가 되기 위하여 그리스도 예수 안에서 함께 지어져가느니라"(엡 2:22).

이제 여러분들은 기도하셔야 할 것입니다. 내 안에 성령으로 오신 그리스도께서 나를 통해서 일하시도록, 나타나시도록. 지금까지 내 스스로, 아니면 누군가의 말을 듣고 하나님의 말씀을 지키고 순종하려고 했다면 아직도 옛 언약(율법) 안에서 살고 있는 것입니다. 이제 율법은 끝났습니다.

"진리가 너희를 자유롭게 하리라"(요 8:32).

말씀을 간단하게 정리한다면 새 언약이란 성령 안에서 오신 예수님이 나를 성전 삼고, 내가 교회가 되어서 주님을 사랑하고, 그 사랑하는 마음 안에서 말씀하시는 주님의 음성을 듣고, 주시는 마음 안에서 믿음으로 순종하며 살아가는 것입니다.

"우리가 그리스도 안에서 그의 은혜의 풍성함을 따라 그의 피로 말미암아 속량 곧 죄 사함을 받았느니라"(엡 1:7).

"그러므로 내가 택함을 받은 자들을 위하여 모든 것을 참음은 그들도 그리스도안에 있는 구원을 영원한 영광과 함께 받게 하려 함이라"(딤후 2:10).

"그가 또한 우리를 새 언약의 일꾼 되기에 만족하게 하셨으니 율법 조문으로 하지 아니하고 오직 영으로 함이니 율법 조문은 죽이는 것이요 영은 살리는 것임이니라"(고후 3:6).

03
아브라함의 믿음

여호와께서 창세기 12장 1~4절에서 "너는 너의 고향과 친척과 아버지의 집을 떠나라"고 말씀하십니다. 아브람이 갈대아 우르를 떠날 때 그의 믿음은 육신의 필요를 채우는 육에 속한 믿음이었습니다.

"너를 축복하는 자에게는 내가 복을 내리고 너를 저주하는 자에게는 내가 저주하리니 땅의 모든 족속이 너로 말미암아 복을 얻을 것이라 하신지라"(창 12:3).

어떻게 보면 육신의 것을 주신다는 것에 그의 믿음의 초점이 맞추어진 것이었습니다. 그러나 가나안 땅에 기근이 들어서 애굽으로 내려가서 아내 사래를 바로 왕에게 주는 사건이 생깁니다.

"여호와께서 아브람의 아내 사래의 일로 바로와 그 집에 큰 재앙을 내리신지라"(창 12:17).

이 일로 바로는 아브람에게 "네가 어찌하여 나에게 이렇게 행하느냐" 하면서 화를 내고, 사래를 다시 돌려보냅니다. 여기서 하나님은 아브람의 행동을 책망하지 않으시고 오히려 바로 왕과 그 집에 재앙을 내리셨습니다. 이 사건을 통하여 아브람은 말씀하시면 이루시는 여호와의 본질을 어렴풋이 깨닫게 됩니다. 또한 조카 롯과의 사건 후 여호와께서 아브람에게 나타나셔서 말씀하십니다.

"내가 네 자손으로 땅의 티끌 같게 하리니 사람이 땅의 티끌을 능히 셀 수 있을진
대 네 자손도 세리라 너는 일어나 그 땅을 종과 횡으로 두루 다녀 보라 내가 그것
을 네게 주리라"(창 13:16~17).

이제 조카 롯과 헤어진 후 아브람의 믿음은 하나님께로 향합니다.

"이에 아브람이 장막을 옮겨 헤브론에 있는 마므레 상수리 수풀에 이르러 거주하
며 거기서 여호와를 위하여 제단을 쌓았더라"(창 13:18).

아브람은 멜기세덱을 만나면서 말씀하시면 반드시 이루시는 하나님
을 믿게 됩니다(창 14:19~20). 그리고 결국 창세기 15장에서 하나님이
아브람에게 아들을 주신다고 약속합니다.

"그를 이끌고 밖으로 나가 이르시되 하늘을 우러러 뭇 별을 셀 수 있나 보라 또 그
에게 이르시되 네 자손이 이와 같으리라"(창 15:5).

그런데 아브람은 하나님의 약속을 기다리지 못하고 사래의 말을 듣
고 여종 하갈과 동침하여 이스마엘을 낳습니다. 이 일로 하나님은 아브
람에게 13년 동안 침묵하십니다. 아브람의 믿음은 언약을 반드시 이루
시는 하나님을 믿지 못하고 그만 사람의 말을 듣고 하나님의 약속을 이
루려고 했습니다.

육신의 생각은 하나님과 원수가 된다고 성경에 기록되었습니다(롬
8:7). 우리 스스로가 하나님의 약속을 이루려고 결정해버리는 어리석음
을 범할 때가 있습니다. 그래서 인내가 필요한 것입니다.

"기록된 바 아브라함에게 두 아들이 있으니 하나는 여종에게서, 하나는 자유 있는
여자에게서 났다 하였으며 여종에게서는 육체를 따라 났고 자유 있는 여자에게서
는 약속으로 말미암았느니라"(갈 4:22~23).

여기서 육체를 따라 낳았다는 말은 하나님의 약속을 육신의 생각으로 이루려는 행위를 뜻합니다. 13년 동안 침묵하신 하나님이 아브람의 나이 99세에 나타나십니다(창 17:1). 그리고 "너는 내 앞에서 행하여 완전하라"고 말씀하시고 아브람과 할례 언약을 맺으시며 아브람에서 아브라함으로 이름을 바꾸어주십니다.

할례란 육신의 생각과 마음을 죽이는 것이며 지금도 날마다 육신의 생각과 마음에 할례를 받아야 합니다. 창세기 17장 11~14절에 "네 후손 대대로 지킬 언약이며 너희 중 남자는 다 할례를 받으라"고 하십니다. 이후 아브라함은 하나님의 말씀대로 그 집의 모든 남자들과 함께 99세에 할례를 받습니다(창 17:24). 아브라함은 할례를 받은 후 완전한 믿음의 사람이 됩니다. 할례를 받은 아브라함은 육신의 생각과 마음을 제거하고 하나님을 따라 의와 진리와 거룩함으로 지으심을 받은 새 사람이 되어 자기의 의를 버리고 하나님의 의를 따르는 사람이 됩니다(엡 4:24). 그리고 이 믿음에 따라 아브라함의 나이 백 세가 될 때 이삭이 태어납니다(창 21:1~5). 이렇듯 하나님은 말씀하시면 반드시 이루시는 여호와이심을 아브라함에게 나타냈습니다. 이제 하나님은 마지막으로 아브라함의 믿음을 시험해보십니다(창 22장). 우리도 하나님께서 믿음을 달아보실 때가 있습니다. 정말 할 수 없는 상황에서 우리의 믿음을 테스트 하실 때가 있음을 기억해야 합니다.

아브라함은 이삭을 번제로 드리는 데 머뭇거리거나 주저하지 않았습니다. 하나님은 이미 아브라함에게 "네 자손이라 칭할 자는 이삭으로 말미암으리라" 하셨으니 그가 하나님이 능히 이삭을 죽은 자 가운데서 다시 살리실 줄로 생각했기 때문입니다.

이제 아브라함은 여호와 하나님이 어떤 분이신가를 알고 있습니다. 하나님이 아브라함의 믿음을 세운 목적은 하나님의 언약을 믿게 하기 위해서인 것입니다. 그리고 그의 씨로 그리스도가 오셨고 성령으로 내 안에 성전 삼고 오셔서 아브라함의 복이 이방인에게 미치게 해 우리로 하여금 믿음으로 말미암아 성령의 약속을 받게 하십니다.

이제 우리는 성령의 약속을 따라 그리스도의 전부를 누리고 살도록 주님이 우리의 기업이 되어주셨습니다. 그러므로 내 안에서 나를 성전 삼고 살고 계시는 주님이 나에게 말씀하시면 반드시 이루심을 믿어야 합니다.

물론 아브람에서 아브라함으로 세워져가는 과정이 있습니다. 우리에게도 그 과정이 반드시 있을 것입니다. 때로는 실수하고, 넘어지고, 좌절하지만 주님이 내 안에서 나를 성전 삼고 나를 통해 나타나실 수 있도록 기도해야 할 것입니다.

저 역시 그 과정의 터널을 거쳐왔습니다. 말씀하시면 반드시 이루시는 여호와이심을 믿는 것이 아브라함의 믿음입니다.

04
자기 권리 포기

아브라함의 믿음으로 언약의 성취가 시작되었습니다. 그렇다면 이제 내 권리를 포기해야 합니다. 주권이 누구에게 있는 것인가를 먼저 인정해야 할 것입니다.

"내가 그리스도와 함께 십자가에 못 박혔나니 그런즉 이제는 내가 사는 것이 아니요 오직 내 안에 그리스도께서 사신 것이라 이제 내가 육체 가운데 사는 것은 나를 사랑하사 나를 위하여 자기 자신을 버리신 하나님의 아들을 믿는 믿음 안에서 사는 것이라"(갈 2:20).

우리의 죄의 문제를 해결하시기 위해서 십자가에서 죽으셨기에 만약 우리의 의로움이 율법이었다면 주님의 죽으심도 헛것이 됩니다(갈 2:16).

"너희에게 성령을 주시고 너희 가운데서 능력을 행하시는 이의 일이 율법의 행위에서냐 듣고 믿음에서냐"(갈 3:5).

"이는 그리스도 예수 안에서 아브라함의 복이 이방인에게 미치게 하고 또 우리로 하여금 믿음으로 말미암아 성령의 약속을 받게 하려 함이니라"(갈 3:14).

이렇듯 성경 여러 곳에서는 구원이 전적인 주님의 은혜임을 알려주고 있습니다. 그러므로 나의 의로움이나 어떠한 행위가 아닌 주님의 은혜이므로 내 권리를 주님께 내어드려야 할 것입니다.

> "하나님이 이르시대 이리로 가까이 오지 말라 네가 선 곳은 거룩한 땅이니 네 발에서 신을 벗으라(출 3:5).
> "여호와의 군대 대장이 여호수아에게 이르되 네 발에서 신을 벗으라 네가 선 곳은 거룩하니라 하니 여호수아가 그대로 행하니라"(수 5:15).
> "이에 그 기업 무를 자가 보아스에게 이르되 네가 너를 위하여 사라 하고 그의 신을 벗는지라"(룻 4:8).

'신을 벗는다'는 것은 자기 권리를 포기한다는 의미입니다. 그러므로 날마다 주님께 우리의 신을 벗어야 합니다. 그래야 주님이 내 안에서 마음껏 일하실 수가 있습니다. 그러나 아직까지도 율법(옛 언약)에 매여 사는 사람들은 여전히 자기 권리를 포기하지 않고 자기 의지대로 무언가를 하려고 합니다. 또 사람의 말을 듣고 순종하며 살려고 합니다.

우리는 이미 죽은 자들입니다. 내 안에 주님이 성령으로 오셔서 나를 성전 삼고 나를 통해서 사시겠다는 것이 새 언약인 것입니다. 내 권리를 포기하고 나를 내려놓을 때 비로소 주님이 내 안에서 말씀하시고 주님의 영광(사랑)을 볼 수 있는 것입니다. 그러므로 가장 큰 죄가 내 스스로 사는 것입니다. 주님이 내 안에서 나를 성전 삼고 말씀하시면 반드시 이루시는 여호와이심을 믿는 아브라함의 믿음으로 살 때 비로소 우리는 율법에서 자유로울 수가 있습니다.

'자기 권리 포기'란 매 순간 삶 속에서 성령께 자신을 내어드리고 십자가를 통해 그리스도와 함께 자신의 죽음을 인정하고(갈 2:20), 내 안에 계신 그리스도의 생명으로 살아가는 것입니다. 그러므로 내 육신의 생명이 나를 율법으로 끌고 가지 못하도록, 내 스스로 살아가지 못하도록 나를 쳐서 복종해야 합니다. 바울이 탄식한 것처럼 연약한 우리의 육신으로는 도저히 율법을 이길 수가 없음을 고백하는 것입니다 (롬 7:14~25). 그래서 날마다 기도할 때 내 안에 계신 성령께서 우리를 새 언약을 이루시기 위하여 오신 주님 안으로 인도하여 자유함을 누리며 살아갈 수 있게 되는 것입니다.

> "또 그 안에서 너희가 손으로 하지 아니한 할례를 받았으니 곧 육의 몸을 벗는 것이요 그리스도의 할례니라"(골 2:11).

우리가 날마다 그리스도의 할례를 받을 때 자기 권리를 포기할 수 있는 믿음으로 살아갈 수가 있는 것입니다.

> "너희 몸은 너희가 하나님께로부터 받은 바 너희 가운데 계신 성령의 전인 줄을 알지 못하느냐 너희는 너희 자신의 것이 아니라"(고전 6:19).

05
좁은 문으로 들어가기

"그러므로 예수께서 다시 이르시되 내가 진실로 진실로 너희에게 말하노니 나는 양의 문이라 …… 내가 문이니 누구든지 나로 말미암아 들어가면 구원을 받고 또는 들어가며 나오며 꼴을 얻으리라"(요 10:7~9).

이제 우리는 좁은 문 되시는 주님 안으로 들어가야만 합니다. 시편 23편은 전체가 "좁은 문 되신 주님 안에 들어가서 주님과 함께 살아갈 때 풍성한 꼴을 먹고 누리며 살 수가 있다"고 말씀합니다.

문 되시는 주님 안에 있을 때 보호를 받으며 이 세상에서 승리하는 삶을 이야기하고 있습니다.

성경은 "세례 요한의 때부터 지금까지 천국은 침노를 당하나니 침노하는 자는 빼앗느니라"(마 11:12)라고 말씀합니다. 천국과 좁은 문 되시는 주님 안에 들어가서 살 때 복된 삶을 살아갈 수 있습니다. 날마다 내 권리를 포기하고 좁은 문 되시는 주님 안으로 들어가 주님과 함께 복된 삶을 살아가시기를 바랍니다.

"좁은 문으로 들어가기를 힘쓰라 내가 너희에게 이르노니 들어가기를 구하여도 못하는 자가 많으리라"(눅 13:24).

예수님은 집 주인이 일어나 문을 한 번 닫으면 밖에서 문을 두드리며 열어주소서 간청할 때 "나는 너희가 어디에서 온 자인지 알지 못한다"고 말씀합니다. 즉, 문의 입구가 좁아서 힘쓰지 않으면 못 들어간다는 뜻이며, 천국에 들어갈 자도 적을 뿐 아니라 항상 기회가 주어지는 것이 아님을 일깨워줍니다.

결국 가장 중요한 것은 믿음, 즉 언약의 하나님을 믿고 그 믿음을 통해 의로 여기심을 받는다는 것을 강조하고 있습니다.

06
성령의 음성을 듣는 법

많은 하나님의 사람들이 주님의 음성 듣기를 사모합니다.

특히 새 언약을 알며 천국 복음을 들으신 분들은 더욱 그러합니다. 그러나 중요한 것은 주님의 음성이 처음부터 쉽게 그냥 들려오는 것이 아니라는 것입니다. 또 때로는 마귀가 주는 음성인가 아닌가를 분별해야 합니다.

먼저 내 안에 새 언약이 온전히 이루어지도록 날마다 기도하기를 게을리 하지 말아야 합니다. 새 언약이란 앞에서도 말했지만 육신의 생각과 마음을 죽이고, 목숨을 다하고 뜻을 다하여 주님을 사랑하는 것입니다. 그리고 주님을 사랑하는 그 마음 안에서 주님이 내게 말씀하시는 것이며, 그 음성을 듣고 순종하며 살아가는 것입니다.

그래서 날마다 그리스도의 할례를 받고 주님의 살과 피를 먹고 살아가는 것입니다.

"예수께서 이르시되 내가 진실로 진실로 너희에게 이르노니 인자의 살을 먹지 아니하고 인자의 피를 마시지 아니하면 너희 속에 생명이 없느니라 내 살을 먹고 내 피를 마시는 자는 영생을 가졌고 마지막 날에 내가 그를 다시 살리리니 내 살은 참된 양식이요 내 피는 참된 음료로다 내 살을 먹고 내 피를 마시는 자는 내 안에 거하고 나도 그의 안에 거하나니 살아계신 아버지께서 나를 보내시매 내가 아버지로 말미암아 사는 것같이 나를 먹는 그 사람도 나로 말미암아 살리라"(요 6:53~57).

저에게 제일 먼저 들려왔던 말씀은 "네가 정말 나를 사랑하느냐"는 물음이었습니다. "주님이 아시지 않습니까?"라고 대답을 했더니 제 안에 계신 주님이 다시 물으셨습니다. "너 혹시 나를 더 사랑하게 해달라고 그토록 원하는 이유가 내게 있는 부귀와 재물 때문이 아니냐?"

"나를 사랑하는 자들이 나의 사랑을 입으며 나를 간절히 찾는 자가 나를 만날 것이니라. 부귀가 내게 있고 장구한 재물과 공의도 그러하니라"(잠 8:17~18).

난 깜짝 놀랐습니다. '아! 내 마음 깊은 곳에 이런 이유 때문에 정말 주님을 더 사랑하게 해 달라고 한 건 아닐까?' 주님이 깨닫게 하신 순간 난 너무 죄송하고 슬퍼서 하염없이 눈물만 흘렸습니다. 그리고 "주님 죄송합니다. 내 마음에 혹 그런 생각이 조금이나마 있었다면 용서하시고 주님께서 아무런 이유도, 조건도 없이 저를 사랑하신 것처럼 저도 그렇게 주님을 사랑할 수 있게 해주세요" 하며 통회어린 기도를 했습니다.

내가 너의 공급자니라

시간이 지날수록 주님 안에서 내 영혼은 날마다 자유하며 감사하는 삶이었지만 현실은 막막했습니다. 목회도, 집회도, 그동안 해왔던 모든 사역들을 다 내려놓은 채 몸부림을 쳤습니다. 그동안 수많은 시간들을 율법에 매여 그것들을 지키려고 발버둥 치며 거룩한 척, 의로운 척, 밤마다 강대상 아래에서 잠을 자면서 철야 기도로 금식하며 심지어 자녀들조차 돌보지 않은 채 살았습니다. "당신은 빚을 갚았느냐"고 물으면서 난 대가를 지불했노라고 사방팔방 돌아다니며 천국 복음을 전했습니다. 누가 보아도 한때 영력이 있던 사람이었지만, 하루아침에 모든 것을 접은 채 허우적거렸습니다.

새 예배당 지을 돈을 사기 당하자 성도들은 흩어지고, 목회는 한계에 다다랐습니다. 그래서 금식을 하며 지금까지 살아오면서 주님께 충성했던 것들을 기억해달라며 기도하는데 주님이 내게 말씀하셨습니다.

"나는 아무것도 모른다."

너무 엄청난 충격 그 자체였습니다. 그러면서 이상관 목사님을 통하여 천국 복음을 듣게 되었고 '아! 내가 지금까지 마귀에게 속았구나' 하고 깨닫는 순간 모든 것을 내려놓을 수밖에 없었습니다. 내가 거짓 선지자였다는 사실을 알게 된 순간 더 이상 강단에 설 수가 없었던 것입니다.

누구에게 복음을 전해야겠다는 생각조차도 없었습니다. 그 당시에는 "아! 내 새끼들"이란 탄식이 저절로 흘러나왔습니다. 마침내 저는 모든 사람들에게 빚진 자임을 고백합니다.

그로부터 3년이라는 시간이 흘렀습니다. 기도하면 내 안에 계신 주님은 인내하라, 온전해지라고만 하십니다. 생활은 점점 어려워져서 나중에는 어디를 가려고 해도 점심 밥값이 없어 성경공부 모임조차도 갈 수가 없었습니다. 심지어 구정은 며칠 남지 않았는데 손주들 세뱃돈 줄 여유도 없어서 "주님, 나 아프게 해주세요"라고 기도했더니 금방 응답이 되어서 얼마나 많이 아프던지 결국 아픈 사람한테는 세배하는 게 아니라고 하여 세뱃돈 걱정은 하지 않게 되었지만 마음은 처절했습니다.

"주님! 이렇게 살 바에는 차라리 데려가시면 안 되나요?"라고 물었더니, 마음속은 '인내하거라, 온전해지거라, 내가 너를 사랑한다' 그 말뿐이었습니다.

기도할 곳이 없어 임진강 들녘을 하염없이 걸으며 소리소리 지르며 울기도 했습니다. "주님! 나 어떻게 해요. 팬티도 다 뚫어져 꿰매서 입었답니다"라고 소리 지르며 찬바람 속을 걷는데 내 안에서 음성이 들려왔습니다. "내가 너의 공급자니라" 하시면서 "여호와는 나의 목자시니 내가 부족함이 없으리로다"(시 23:1)라는 말씀을 주셨습니다. 주님은 우리의 믿음을 보십니다.

"너희에게 인내가 필요함은 너희가 하나님의 뜻을 행한 후에 약속하신 것을 받기 위함이라 잠시 잠깐 후면 오실 이가 오시리니 지체하지 아니하시리라 나의 의인은 믿음으로 말미암아 살리라 또한 뒤로 물러가면 내 마음이 그를 기뻐하지 아니하리라 하셨느니라 우리는 뒤로 물러가 멸망할 자가 아니요 오직 영혼을 구원함에 이르는 믿음을 가진 자니라"(히 10:36~39).

"믿음이 없이는 기쁘시게 하지 못하나니 하나님께 나아가는 자는 반드시 그가 계신 것과 또한 그가 자기를 찾는 자들에게 상 주시는 이심을 믿어야 할지니라"(히 11:6).

기다림의 시간

말씀하시면 반드시 이루시는 분이신데 감감무소식입니다. 마치 아브람에게 말씀하시고는 그를 지켜보시고 계셨던 것처럼. 그러던 어느 날 택배가 왔습니다. 뜯어보니 그 속에 열두 가지 보정속옷 세트가 들어 있었습니다. 얼마나 예쁘던지 거실에 펼쳐놓았습니다. 보기만 해도 좋았습니다. 3일째는 아들이 짜증을 냈습니다. 당시 아들은 트럭으로 골재

운송을 했는데 일이 없어 계속 적자를 내자 차를 넘기고 직장에 들어간 상태였습니다. 게다가 몇 달째 월급 체불로 이래저래 죽을 지경이었습니다. 그런데 엄마의 강한 모습은 사라지고 상황은 안 좋은데 자꾸 이상한 이야기만 하니, 도무지 이해할 수가 없었을 것입니다. 저는 아브라함의 실수를 알고 있었습니다. 육신의 생각과 마음이 하나님과 원수가 된다는 사실(롬 8:7), 그 때문에 몸부림치며 인내합니다. 더욱 그분 안에서 온전히 세워져서 아브람이 아브라함으로 바뀌어 가는 과정임을 알기에 내 안에서 말씀하시기만을 기다렸습니다.

참으로 힘든 상황의 연속이었습니다. 어느 날 한 모임에서 함께 기도하는데 주님이 울고 있는 저에게 말씀을 하셨습니다.

"주님! 저 이대로 내버려 두시렵니까? 이제 아무것도 하지 말아요?"라고 기도하는 저에게 주님은 "너는 내가 택한 나의 그릇이니라. 인내하거라"라고 말씀하셨습니다. 그 후 나는 더욱 주님을 알아가기 위해 기도하며 살았습니다. 어느 늦은 밤, 새벽까지 침상에 앉아 소리도 내지 못하고 울며 기도하는데 주님이 또 내게 말씀하셨습니다.

"나의 사랑하는 자가 내게 말하여 이르기를 나의 사랑, 나의 어여쁜 자야 일어나서 함께 가자"(아 2:10).

그 밤에 참으로 많이 울었습니다. 그러나 금방 무언가 되었다면 얼마나 좋겠습니까? 또 기다립니다.

목회 23년을 하루도 쉬지 않고 앞만 보고 달려왔던 야생마가 3년이란 시간을 정체하고 있으니 숨을 쉴 수가 없었습니다. 꿈속에서도 설교하고, 부흥회도 인도합니다. 말씀을 못 전하니 죽을 것만 같았습니다. 생활이 어려운 건 참을 수 있는데 말씀을 못 전하니 정말 사는 게 사는

게 아니었습니다. 하지만 그 순간에도 하나님의 생명이 점점 내 안에 자라가고 있었습니다. 주님의 공급하심이 하루가 다르게 보였습니다.

"이는 너희 믿음의 시련이 인내를 만들어 내는 줄 너희가 앎이라. 인내를 온전히 이루라 이는 너희로 온전하고 구비하여 조금도 부족함이 없게 하려 함이라"(약 1:3~4).

"너희에게 인내가 필요함은 너희가 하나님의 뜻을 행한 후에 약속하신 것을 받기 위함이라"(히 10:36).

매서운 임진강 강바람을 온몸으로 맞으며 얼굴이 온통 눈물로 얼 정도로 다니며 기도했습니다.

"주님, 이제 천국 복음을 전하는 새 언약의 일꾼으로 살고 싶습니다"라고 기도하며 그렇게 울고 있는 저에게 주님께서 "내가 너를 이제 쓰리라. 너를 통하여서 내 일을 할 것이다"라고 말씀하셨습니다.

"너희 안에서 행하시는 이는 하나님이시니 자기의 기쁘신 뜻을 위하여 너희에게 소원을 두고 행하게 하시나니"(빌 2:13).

이제는 앉으나 서나 천국 복음을 전하고 싶어서 못 견딜 지경입니다. 그동안 사방팔방 다니며 복음을 전했던 그들에게 미안하고 하나님께 너무 죄송스러워 몸 둘 바를 몰랐습니다. 나를 믿고 23년간 목양 현장에 있었던 그들에게 저는 '빚진 자'입니다.

필요를 채워주시는 하나님

2011년 마지막 해가 저물던 그때, 주님께서는 "내년 3월 달부터 내 일을 할 것이다"라고 말씀을 하셨습니다. 그리고 2012년 1월 중순경 필리핀 마닐라에서 전화가 왔습니다.

"이제는 오서서 집회를 해주셔야죠."

2009년부터 3년간 한 번도 필리핀을 안 갔습니다. 그 전에는 바기오에서, 팔라완 섬에서 청소년 집회를(바기오), 핑사오 감리교신학교 강당에서 연합부흥회 1,2차 집회를 성공적으로 마치고 팔라완 섬에서는 목회자 세미나 겸 부흥회를 큰 성공리에 마쳤기에 계속 그쪽에서 집회가 많았지만 어느 샌가 집회 요청이 사라졌습니다.

그러던 중 3년 만에 집회 요청이 있었는데 이번에는 비행기 항공료가 문제였습니다. 그때 주님이 제 안에서 저를 책망하시는 겁니다.

"왜 네가 염려하느냐. 이건 내 일이다. 너의 일이 아니니라."

저는 순간 탄식이 흘러나왔고 여전히 '주님이 아닌 내가'라는 안타까움에 마음이 아팠습니다. 주님이 나를 통해 사시겠다는데 나도 모르게 내가 살며 내가 하겠다는 옛 습관이 튀어나온 것입니다.

그로부터 얼마 후 문산에 사는 정 모 목사님께 연락이 와서 만났습니다. "주님이 갖다 주라고 말씀하셨다"라고 하시는데 50만 원이 들어 있었습니다. 또 며칠 후 주일 오전 정확히 10시 40분에 전화가 왔습니다. "목사님! 빨리 계좌번호 알려주세요." 이 모 목사님이 주일예배를 위해 기도하시다 다급하게 전화를 하셨습니다. "아니 목사님 지금 예배 준비를 하셔야죠?" "빨리 계좌번호 주세요." 기도만 하려면 "얼른 홍영화 목사에게 돈을 보내라"라는 응답이 들려 이 목사님이 다급하게 전화를 하신 것입니다. 신기한 것은 이 두 분은 평소 잘 알고 지내던 분들이 아니었다는 것입니다. 이렇듯 주님은 말씀하시면 반드시 이루시는 여호와이십니다.

2012년 3월 26~28일 목회자와 청소년 집회를 했습니다. 드디어 주님이 저를 통해서 시작하신 것입니다. 내가 너를 통해 내 일을 할 것이다. "예수께서 가라사대 내 말이 네가 믿으면 하나님의 영광을 보리라 하지 아니하였느냐"(요 11:40), 주님은 반드시 성경 말씀 안에서 말씀하십니다. 결국 두근거리는 마음을 안고 새 언약, 천국 복음을 안 후 첫 집회로 그토록 자주 다니던 필리핀 땅을 3년 만에 밟게 되었습니다.

인천공항에서 티켓팅 하는데 자리가 없어서 비행기 뒷날개 부근의 자리만 있다는 것입니다. 밤새 들뜬 마음에 잠을 못자서 컨디션이 좋지 않아 부탁을 했습니다. 그랬더니 중간 좌석에 있던 사람이 뒷자리의 가장자리로 바꾸어달라고 했습니다. 이유는 갓난아이가 동승하는데 많이 보채고 울기 때문에 자주 일어서야 해서라는 것이었습니다.

드디어 시간이 되어 출국을 하려고 개찰구에 차례대로 나가는데 제 순서에서 멈췄습니다. 공항 직원들이 잠시 옆에 서 있으라고 하는 바람에 대기하고 있었습니다. 그러더니 자기들끼리 대화를 나누더니 비행기 표에 무언가 써주면서 가라고 합니다. 승무원이 표를 보더니 앞쪽으로 안내를 하는데 일등석이었습니다. 그동안 여러 번 여러 나라를 다니며 보았지만 참으로 생소한 자리였습니다.

"그를 높이라 그리하면 그가 너를 높이 들리라 만일 그를 품으면 그가 너를 영화롭게 하리라"(잠 4:8).

저는 당황스러워서 다시 물어 보았습니다. "제가 여기 앉아요?" 그러자 승무원 아가씨가 "예, 손님 여기 앉으세요. 즐거운 여행이 되십시오"라고 대답했습니다.

난 주님께 "도대체 어떻게 된 겁니까?" 하고 물었습니다. 그러자 제 안에서 주님이 말씀하셨습니다. "네가 나를 존귀히 여기니 나도 너를 존귀히 여기노라. 너는 아무것도 염려하지 마라. 집회도 내가 할 것이다."

자리에 앉자마자 울기 시작했습니다. 주님의 은혜 속에서 난생 처음 코스별 기내식을 먹었습니다. 그리고 집회 내내 주님의 일하심은 놀라움과 기적 그 자체였습니다. 그곳 선교사님들은 강력한 성령 임재의 역사라고 입을 모았습니다.

주님은 새 언약의 일꾼 된 마음과 믿음, 순종, 기도, 열심을 보십니다.

"내가 네 행위와 수고와 네 인내를 알고 또 악한 자들을 용납하지 아니한 것과 자칭 사도라 하되 아닌 자들을 시험하여 그의 거짓된 것을 네가 드러낸 것과 또 네가 참고 내 이름을 위하여 견디고 게으르지 아니한 것을 아노라"(계 2:2~3).

우리는 그리스도 안에서 언제나 장성한 분량에 이르도록 자라나야 합니다. 그분의 생명 안에서 날마다 자라나서 원수까지도 사랑하는 주님의 사랑을 갖고 살아야 하는 것입니다.

"소망 중에 즐거워하며 환난 중에 참으며 기도에 항상 힘쓰며"(롬 12:12).

"너희를 박해하는 자를 축복하라 축복하고 저주하지 말라"(롬 12:14).

"아무에게도 악으로 악을 갚지 말고 모든 사람 앞에서 선한 일을 도모하라 할 수 있거든 너희로서는 모든 사람으로 더불어 화목하라"(롬 12:17~18).

"악에게 지지 말고 선으로 악을 이기라"(롬 12:21).

아들을 떠나보내다

2013년 2월 3일 갑자기 폭설이 쏟아진 날 예배를 마치고 집으로 돌아가던 중 교통사고가 났습니다. 주일임에도 아들은 직장을 핑계로 주일을 거의 안 지켰습니다. 예전에 너무나 율법으로 얽매어 살아왔던 미안함과 죄책감에 말을 못하였던 것이 문제였던 것입니다. 인천에 가 있던 아들에게 눈이 많이 오니 오지 말라고 전화를 했지만 통화가 되지 않았습니다. 발목이 빠지는 폭설로 인해 겨우 집에 왔지만 아들 때문에 걱정으로 화까지 밀려옵니다. 그러나 아들은 새벽에 쫓아와 펄펄 뛰며 오히려 "왜 나를 찾느냐"고 화를 냈습니다. 그 말에 전 너무나 황당하고 기가 막혔습니다. 30년이란 긴 세월을 늘 내 곁에서 든든한 버팀목이 되어주며 때로는 친구처럼, 때로는 남편같이 의지했던 아들의 돌변한 모습에 할 말을 잃어버렸습니다. 아들은 그렇게 화를 내고는 더 이상 함께 살 수가 없다며 나가버렸습니다.

언제 들어올까, 애를 태우며 서운한 마음은 어느새 걱정으로 바뀌었습니다. 딸들에겐 말도 못하고 혼자 깊은 고민과 슬픔 속에서 기도했습니다. 집에 온다는 딸들에게는 여행 간다는 핑계를 대고 못 오게 했습니다. 그 이유는 아들이 구정 연휴 기간에 여행을 간다고 했기 때문입니다. 예배 후 갈 곳이 없어 오산리 기도원에 가서 얼마나 많이 울었는지 모릅니다. 내가 갈 곳은 그 어디에도 없었기 때문입니다. 너무나 외롭고 슬펐습니다. 조롱하는 아들의 비웃음은 피를 마르게 했습니다. 이제 자유롭게 살든지 아니면 아들로서 곁에 있어줄 테니 자신의 삶에 상관하지 말고 살든지 하나를 선택하라는데 어찌나 고민을 했던지 사흘 동안 4킬로그램이나 빠져버렸습니다.

그 고통은 피를 마르고 뼈를 마르게 합니다.

"마음의 즐거움은 양약이라도 심령의 근심은 뼈를 마르게 하느니라"(잠 17:22).

마침내 선택을 했습니다. 슬플 때나, 기쁠 때나, 외로울 때나, 힘들 때 늘 붙들고 위로하시고 사랑하시는 변함이 없으신 내 주님을 선택하겠노라고. 사람은 변하나 주님은 변함이 없으십니다. 그분은 신실하십니다. 사람은 사랑의 대상이지 믿음의 대상이 아니었습니다.

엄마가 늙으면 내가 업고 다니고 절대로 여자로 인해 엄마를 배신하는 일은 없을 거라고 입에 침이 마르도록 말하던 착한 아들인데……. 결국 구정 다음 첫 월요일 파주시청에서 호적 파행을 하고 말았습니다. 이 아들은 어릴 적 양아들로 입적시켜서 마음으로 키운 자녀였습니다. 수 없이 설득하고 말려도 아들의 굳어버린 마음을 돌이키기엔 역부족이었습니다.

"음녀로 인하여 사람이 한 조각 떡만 남게 됨이며 음란한 여인은 귀한 생명을 사냥함이니라"(잠 6:26).

이후, 아들은 하루가 멀다 하고 술에 취해 들어왔습니다. 안 들어올 때면 밤새 불을 켜놓고 '혹시나' 하는 바람으로 아들을 기다렸습니다. 30년이란 긴 세월 동안을 함께했던 아들은 떠날 준비를 다 했는데도 정작 저는 쉽게 내려놓지 못한 채 눈물로 기도했습니다.

"날 위해 기도하지 마세요. 기도한다고 되는 것도 없는데. 당연하죠. 그냥 목사의 아들일 뿐이었고 마음 안에는 예수님의 사랑과 생명이 없는데, 거짓과 교만과 위선뿐인데" 하며 마냥 비아냥거립니다. "어떻게 갈수록 그렇게 쪼그라듭니까?" 빈껍데기뿐인 엄마가 초라하고 처량해 보인다는 말입니다. 아무리 새 언약에 대해서 이야기해도 못 알아들었습니다.

"기록된 바 하나님이 오늘날까지 저희에게 혼미한 심령과 보지 못할 눈과 듣지 못할 귀를 주셨다 함과 같으니라"(롬 11:8).

말씀 안에서 그 아들에 대한 분노와 원망이 한순간 내 안에서 사라져 버린 것입니다. 그것은 바로 내 안에 계신 주님이 주신 마음이었으며 주님이 내 안에서 사시고 계시다는 것입니다. 주님은 긍휼입니다. 그분은 사랑이십니다. 주님의 사랑은 모든 허물을 감싸주십니다.

금방 떠날 것 같던 아들과의 어색한 동거가 시작되었습니다. 그런데 그 과정이 너무나 내 마음을 아프게 했습니다. 어쩌다 술 취해 들어온 아들의 옷을 받아주면 저를 밀쳐버립니다. 아침에 해장국을 끓여주면 신경질을 내며 나가버립니다. 울면서 국을 끓이고 울면서 아들의 옷을 세탁하고 울면서 방을 청소했습니다. 지나온 30년의 긴 시간 속을 거닐면서 너무 가슴이 아프고 미어져서 가슴이 먹먹해져왔습니다. 술 취하면 서슴지 않고 거칠게 몰아붙이며 내 가슴에 대못을 쾅쾅 칩니다.

"아! 주님, 그 고통을 조금이나마 알 것 같습니다." 너무나 고통스러워서 가슴을 움켜잡고 울다 쓰러질 때 주님은 내게 말씀하십니다. "울지 마라, 내가 너를 사랑하지 않느냐. 그럼에도 너무나 고통스러웠습니다. "나를 버리지 않고 잘 키워주신 은혜 꼭 보답할게요"라고 말했던 아들, 든든한 두 딸의 오빠로서, 삼촌으로서, 아들로서 지내온 그 시간들이 너무나 고통스럽기만 했습니다. 지금까지 내 인생에서 가장 고통스럽고 가장 많이 울었던 시간이었습니다. 결국 주님을 믿는다면서 내 곁에 있던, 내 그림자 같았던 그 아들을 믿고 사랑했던 것이었습니다. 그 고통 속에서 아들로 인하여 몸부림치며 울 때 주님이 갑자기 저를 두 팔로 뒤에서 끌어안듯 하시며 다급하게 말씀을 하셨습니다. "울지 마라, 울지 마라, 나도 그랬단다." (그 당시 내 영혼은 자유로운데 육신의 고통으로 불면증에 시달려 수면제를 먹었습니다.) 또 주님의 음성이 들려옵니다. "내가 십자가를 지기 전에 나도 힘들었단다." 겟세마네 동산에서 기도할 때 주님도 육신을 입고 사셨기에 그 상황과 현실이 고통스러우셨다는 것입니다.

그 음성을 듣는 그 순간 거짓말처럼 내 고통이 사라졌습니다. 그러자 아들에 대한 아픔들이 치유되기 시작했습니다. 내적 치유는 주님이 내 안에서 말씀하시고 음성을 듣는 순간 일어납니다. 그런 시간 속에서 주님은 여전히 말씀 안으로, 주님의 영광으로 나를 이끄셨습니다.

마음의 할례를 행하라

시간이 갈수록 주님의 일하심은 저를 통해 더욱 커져만 갔습니다. 내가 생명 안에서 자라는 만큼 주님은 일하셨습니다. 그런 와중에도 7월 26일, 금촌 시내에 예쁜 집을 선물로 주셨고 아들은 그달 29일날 홀홀 떠나갔습니다. 이제는 울지 않습니다. 그 아들을 새 언약 안에서 키우지 못하고 율법의 독을 가장 많이 먹이며 키웠으니 독사의 새끼가 된 것입니다. 그 아들이 너무나 불쌍하고 안타까울 뿐입니다. 주님께서 그 아들도 이끌 것이라고 말씀하셨으니 주님께서 하시리라 소망을 갖습니다.

이렇듯 주님의 음성은 고통스러울 때, 힘들 때, 기쁠 때, 우리 안에서 말씀하십니다. 그러나 내가 그리스도의 장성한 분량에 이르도록 자라서 그분의 신부가 되어 주님을 사랑하면 그분의 음성을 듣고 살아가게 됩니다. 주님을 사랑하십시오. 더 많이 사랑하십시오. 그리고 성령님을 근심시키지 마십시오. 그리고 주님 안에서 행복하십시오.

성령의 음성을 들으시려면 날마다 우리의 마음에 할례를 행하여야 합니다(신 30:6). 이렇듯 하나님은 마음에 할례를 행한 후 그 마음에 하나님의 법을 기록하시고 약속하십니다. 즉, 할례를 행한 마음에 주님은 사랑하는 마음을 주시고, 그 사랑 안에서 말씀하십니다.

"또 그 안에서 너희가 손으로 하지 아니한 할례를 받았으니 곧 육적 몸을 벗는 것이요 그리스도의 할례니라"(골 2:11). (신약의 성령 세례를 의미함.)

"무릇 그리스도 예수와 합하여 세례를 받은 우리는 그의 죽으심과 합하여 세례 받은 줄을 알지 못하느냐 그러므로 우리가 그의 죽으심과 합하여 세례를 받음으로 그와 함께 장사되었나니 이는 아버지의 영광으로 말미암아 그리스도를 죽은 자 가운데서 살리심과 같이 우리로 또한 새 생명 가운데서 행하게 하려 함이라"(롬 6:3~4).

옛 사람, 육신의 생명, 육신의 생각과 마음을 죽이고 새 생명을 주어 살게 하면서부터 구원이 시작되는 것입니다. 그러므로 믿음으로 산다는 것은 예수님과 함께 자신의 죽음을 성령으로 깨달아 확신하며 내 안에 생명으로 오신 그리스도의 말씀을 성령으로 듣고 사는 것을 말합니다. 성령의 할례란 오직 하나님의 생명에서 나오는 그리스도의 마음으로 바꾸어주심을 말합니다. 그래서 하나님의 성품에 참예하게 되어 하나님의 성품이 흘러나오게 되는 것입니다(벧후 1:3~4). 신성한 성품에 참여하는 자가 되려면, 부단히 경건의 연습과 기도에 힘써야 합니다. 경건의 연습이란 내 안에 계신 주님으로 말미암아 사는 연습으로 내 안에 계신 그리스도를 인정하고 신뢰하고 받아들이고 믿음으로 주님의 일하심을 경험하게 되는 것입니다.

"그러므로 땅에 있는 지체를 죽이라"(골 3:5).

육체의 더러운 생각과 욕심이 일 때마다 자신의 옛 사람이 죽었음을 고백하고 시인하며, 성령께 의지하여 자신의 삶에 주님이 주가 되심을 인정할 때(갈 5:19~21), 믿음의 선한 싸움을 싸워야 합니다. 주님이 내 안에서 말씀하시고 나타나실 때까지 이렇듯 믿음의 선한 싸움을 싸우며 하나님의 '의'로 살 때 주님의 음성을 듣게 됩니다(딤전 6:12). 또 내 안에 살아 계신 그리스도로 말미암아 성령의 가르침으로 주님의 영광을 보고, 주신 마음 안에서 주님의 음성이 들려오는 것을 경험할 수 있습니다.

"그의 성령을 우리에게 주시므로 우리가 그 안에 거하고 그가 우리 안에 거하시는 줄을 아느니라"(요일 4:13).

07

그리스도를 옷 입고 살라

"누구든지 그리스도와 합하여 세례를 받은 자는 그리스도로 옷 입었느니라"(갈 3:27).

이 옷은 내가 그리스도를 믿을 때 주님께서 입혀주십니다.

"이르되 친구여 어찌하여 예복을 입지 않고 여기 들어왔느냐 하니 그가 아무 말도 못하거늘"(마 22:12).

"내가 여호와로 말미암아 크게 기뻐하며 내 영혼이 나의 하나님으로 말미암아 즐 거워하리니 이는 그가 구원의 옷을 내게 입히시며 공의의 겉옷을 내게 더하심이 신랑이 사모를 쓰며 신부가 자기 보석으로 단장함 같게 하셨음이라"(사 61:10).

"아버지는 종들에게 이르되 제일 좋은 옷을 내어다가 입히고 손에 가락지를 끼우 고 발에 신을 신기라"(눅 15:22).

새 언약이 이루어진 사람은 이 옷을 입고 있어야 합니다.

"이로 말미암아 그는 새 언약의 중보자시니 이는 첫 언약 때에 범한 죄에서 속량하 려고 죽으사 부르심을 입은 자로 하여금 영원한 기업의 약속을 얻게 하려 하심이 라"(히 9:15).

이 옷은 내가 돈을 주거나 어떠한 의로운 행위로 인하여 입을 수 있는 옷이 아닙니다. 우리가 성령 안에서 오신 그리스도 새 언약의 중보자로 이 땅에 인간의 몸을 입고 오셔서 새 언약을 이루시기 위하여 죽으시고 부활 승천하신 후 성령으로 오신 그리스도를 믿을 때 주님께서 입혀주시는 옷입니다. 또 주님과 하나 되어 날마다 빨아야 합니다(경건의 훈련). 기도 생활을 통해서 믿음의 옷을 빨 때 마귀가 틈타지 못합니다. 내가 선하고 의롭게 되려고 노력한다고 해서 입을 수 있는 옷이 아니라 오직 믿음으로만 입을 수 있는 옷이기에 참으로 주님의 은혜인 것입니다.

그러나 오늘날 참으로 안타까운 것은 사람들이 자기 스스로의 열심과 노력, 율법으로 무화과나무 옷을 입는 것입니다. 그리스도의 옷은 나의 권리를 포기하고, 내 안에서 나를 성전 삼고 좁은 문 되신 주님 안에서 주님이 입혀주시는 옷임을 우리는 알아야 합니다.

"내가 말하기를 내 주여 당신이 아시나이다 하니 그가 나에게 이르되 이는 큰 환난에서 나오는 자들인데 어린 양의 피에 그 옷을 씻어 희게 하였느니라"(계 7:14).

우리 안에 계신 성령님을 믿으면 성령께서 주의 영광을 나타내심으로 우리 안에 그리스도의 마음을 주시는데 그리스도를 옷 입고 산다는 의미는 머리 되신 주님의 음성을 듣고 순종하며 살아가므로 그리스도 자신이 우리의 옷이 되어주신다는 의미입니다(고전 2:13~16).

"보라 내가 도적같이 오리니 누구든지 깨어 자기 옷을 지켜 벌거벗고 다니지 아니하며 자기의 부끄러움을 보이지 아니하는 자는 복이 있도다"(계 16:15).

08
안식, 주님이 일하시도록 하는 것

"이미 믿는 우리들은 저 안식에 들어가는도다 그가 말씀하신 바와 같으니 내가 노하여 맹세한 바와 같이 그들이 내 안식에 들어오지 못하리라 하셨다 하였으나…"(히 4:3).

"이미 그의 안식에 들어간 자는 하나님이 자기의 일을 쉬심과 같이 그도 자기의 일을 쉬니라 그러므로 우리가 저 안식에 들어가기를 힘쓸지니 이는 누구든지 저 순종하지 아니하는 본에 빠지지 않게 하려 함이라"(히 4:10~11).

"환난 받는 너희에게는 우리와 함께 안식으로 갚으시는 것이 하나님의 공의시니 주 예수께서 자기의 능력의 천사들과 함께 하늘로부터 불꽃 가운데에 나타나실 때에"(살후 1:7).

구원의 두 번째 과정인 '날마다 구원을 누리면서 살아간다'는 의미는 바로 이 안식에 의하여 이루어져가는 것입니다.

"제 칠일에 관하여는 어딘가에 이렇게 일렀으되 하나님은 제 칠일에 그의 모든 일을 쉬셨다 하였으며"(히 4:4).

하나님이 제 칠일에 그의 모든 일을 쉬신 것처럼 주님 안에서 주님의 생명으로 살아가는 우리는 할 일이 없다는 것입니다. 믿음 안에서 주님이 나를 통하여 일하시도록 기도하는 일 밖에는 할 일이 없다는 것입니다. 말씀처럼 날마다 주님 안에서 안식에 들어가기를 힘써야 할 것입니다(히 4:11). 우리 자신이 주님 안에서 안식을 누리지 못한다면 두 번째 구원을 누릴 수가 없기 때문입니다. 우리는 매 순간 주님이 일하시는 주님의 통로요 주님의 뜻을 이루어드리는 도구일 뿐입니다. 주님의 뜻을 이루시기 위하여 주님의 마음에 기쁘신 뜻을 우리를 통하여 나타내시며 이루시기를 원하시는 주님 안에서 우리가 온전히 안식해야 합니다. 스스로 하려는 생각과 마음을 내려놓고 쉴 때 비로소 주님이 나를 통해서 뜻을 이루시고 또 나타내시기 위해 말씀하시고 이루어가십니다. 결국 주님이 말씀하시는 음성에 귀를 기울이고 안식할 때 비로소 주님의 영광을 볼 수가 있습니다. 쉽게 말하자면 나의 내려놓음을 통하여 주님의 일하심을 볼 것이라는 것입니다. 이제 내 생각, 내 마음을 내려놓으시고 주님 안에서 안식하며 주님이 일하시도록 기도하시기를 바랍니다.

"너희 염려를 다 주께 맡기라 그는 저가 너희를 돌보심이라"(벧전 5:7).

09
구원의 의미

일회적 구원

첫 번째 구원의 의미는 무조건적이고 전적인 하나님의 은혜요 선물입니다.

"너희는 그 은혜에 의하여 믿음으로 말미암아 구원을 받았으니 이것은 너희에게서 난 것이 아니요 하나님의 선물이라"(엡 2:8).

"청함을 받은 자는 많되 택함을 입은 자는 적으니라"(마 22:14).

"곧 창세 전에 그리스도 안에서 우리를 택하사 우리로 사랑 안에서 그 앞에 거룩하고 흠이 없게 하시려고 그 기쁘신 뜻대로 우리를 예정하사 예수 그리스도로 말미암아 자기의 아들들이 되게 하셨으니"(엡 1:4~5).

"내가 붙드는 나의 종, 내 마음에 기뻐하는 자 곧 내가 택한 사람을 보라 내가 나의 영을 그에게 주었은즉 그가 이방에 정의를 베풀리라"(사 42:1).

"그러나 하나님께서 세상의 미련한 것들을 택하사 지혜 있는 자들을 부끄럽게 하려 하시고 세상의 약한 것들을 택하사 강한 것들을 부끄럽게 하려 하시며 하나님께서 세상의 천한 것들과 멸시받는 것들과 없는 것들을 택하사 있는 것들을 폐하려 하시나니 이는 아무 육체도 하나님 앞에서 자랑하지 못하게 하려 하심이라"(고전 1:27~29).

이렇듯 성경 곳곳에서는 무조건적인 하나님의 택함을 받은 자들의 구원을 볼 수가 있습니다. 이 구원은 세상의 그 어떠한 것으로도 얻을 수가 없습니다(딤후 1:9). 주님께 택함을 얻고 구원을 받은 사람들은 새 언약이 무엇인지 모른다 할지라도, 성령으로 오신 그리스도를 믿는 믿음 안에서 주님을 뜨겁게 사랑하며 주님을 위해서 자기의 모든 것을 내려놓고 주님을 따릅니다. 다만 새 언약의 중보자로 오신 그리스도를 모를 뿐입니다. 그러므로 첫 번째 구원은 일회적이요, 영원한 하나님의 선물인 것입니다.

"주께서 사랑하시는 형제들아 우리가 항상 너희에 관하여 마땅히 하나님께 감사할 것은 하나님이 처음부터 너희를 택하사 성령의 거룩하게 하심과 진리를 믿음으로 구원을 받게 하심이니"(살후 2:13).

현재형의 구원

"그러므로 나의 사랑하는 자들아 너희가 나 있을 때뿐 아니라 더욱 지금 나 없을 때에도 항상 복종하여 두렵고 떨림으로 너희 구원을 이루라"(빌 2:12).

두 번째 구원의 의미는 현재 진행 중이며, 우리의 육신을 벗는 그날까지 날마다 주님 안에서 구원을 누리며 살아가는 것입니다. 우리 영이 주님의 생명 안에서 주님과 하나가 되어도, 우리의 육신은 여전히 주님 앞에 가는 그날까지 세상에서 갖가지 환난과 질병, 가난, 또한 마귀로부터의 모든 공격에서 구원을 받고 살아가야 합니다. 이것은 내가 노력하고 기도해서 누리는 것이 아니라 새 언약이 이루어져서 주님과 하나가 되어, 주님을 사랑하며, 주님의 음성을 듣고, 주님이 주시는 마음으로 날마다 구원을 누리면서 살아가는 것입니다.

"그러므로 내가 택함 받은 자들을 위하여 모든 것을 참음은 그들도 그리스도 예수 안에 있는 구원을 영원한 영광과 함께 받게 하려 함이라"(딤후 2:10).

나 역시 날마다 이 구원을 누리며 살아가고 있습니다. 자녀들의 문제서부터 질병과 경제적인 문제까지 날마다 주님께 내려놓음으로 우리의 문제는 더 이상 우리만의 문제가 아닙니다. 우리는 이미 주님과 함께 죽었고 주님이 내 안에서 나를 성전 삼고 살고 계시기 때문입니다.

"아무것도 염려하지 말고 오직 모든 일에 기도와 간구로 너희 구할 것을 감사함으로 하나님께 아뢰라"(빌 4:6).

"나의 하나님이 그리스도 예수 안에서 영광 가운데 그 풍성한 대로 너희 모든 쓸 것을 채우시리라"(빌 4:19).

"사람이 감당할 시험밖에는 너희가 당한 것이 없나니 오직 하나님은 미쁘사 너희가 감당하지 못할 시험 당함을 허락하지 아니하시고 시험 당할 즈음에 또한 피할 길을 내사 너희로 능히 감당하게 하시느니라"(고전 10:13).

우리를 견고한 믿음 안으로 이끄시어 승리하게 하시는 것도 주님이십니다.

"우리를 너희와 함께 그리스도 안에서 굳건하게 하시고 우리에게 기름을 부으신 이는 하나님이시니"(고후 1:21).

또한 사단의 시험을 이길 수 있는 것도 주님 안에서 구원을 누리며 살아갈 때입니다.

"이는 우리로 사탄에게 속지 않게 하려 함이라 우리는 그 계책을 알지 못하는 바가 아니로라"(고후 2:11).

미래형의 구원

세 번째 구원의 의미는 '주님이 오시는 그날 얻을 구원' 즉 미래형입니다.

"주께서 나를 모든 악한 일에서 건져 내시고 또 그의 천국에 들어가도록 구원하시리니 그에게 영광이 세세 무궁토록 있을지어다 아멘"(딤후 4:18).

우리 모두는 다시 오시는 주님을 사모하며 살아가는 사람들입니다.

"그러나 각각 자기 차례대로 되리니 먼저는 첫 열매인 그리스도요 다음에는 그가 강림하실 때에 그리스도에게 속한 자요"(고전 15:23).

"그들이 다시는 주리지도 아니하며 목마르지도 아니하고 해나 아무 뜨거운 기운에 상하지 아니하리니"(계 7:16).

"이는 보좌 가운데에 계신 어린 양이 그들의 목자가 되사 생명수 샘으로 인도하시고 하나님께서 그들의 눈에서 모든 눈물을 씻어 주실 것임이라"(계 7:17).

"모든 눈물을 그 눈에서 닦아 주시니 다시는 사망이 없고 애통하는 것이나 곡하는 것이나 아픈 것이 다시 있지 아니하리니 처음 것들이 다 지나갔음이러라"(계 21:4).

우리는 주님이 오시는 그날을 준비하는 지혜로운 자들이 되어야 합니다. 또한 기름 등불을 준비한 지혜로운 다섯 처녀와 같은 지혜로운 삶을 살아가야 할 것입니다. 그러나 바쁘고 분주한 삶에서 마음에 여유조차도 없는 사람들이 주변에 너무나 많습니다. 그러한 환경 속에서 주님으로부터 멀어져가는 안타까운 일이 없으면 좋겠습니다. 나를 구원하신 주님, 또한 주님 안에서 날마다 구원을 이루며 살아가야 할 것을 말씀하시는 그 주님의 음성에 다시금 귀를 기울여야 할 것입니다. 주님은 우리와 늘 함께하시기를 원하십니다.

"예수께서 우리를 위하여 죽으사 우리로 하여금 깨어 있든지 자든지 자기와 함께 살게 하려 하셨느니라"(살전 5:10).

내 안에서 나를 성전 삼고 나를 통하여 사시기를 원하시는 주님께 우리를 내어드리시기 바랍니다. 내 삶에 모든 것들을 주님께 내려놓고 주님과 함께 걸어가시면서 오실 주님을 바라보며 마음을 드리면서 살아가십시오. 주님은 우리의 마음을 보시는 분이십니다.

10
천국의 다섯 가지 의미

천국의 첫 번째 의미: 예수님 자신이 천국

첫 번째 천국의 의미는 육신을 입고 이 땅에 오신 예수님 자신이 천국이라는 것입니다.

"이때부터 예수께서 비로소 전파하여 이르시되 회개하라 천국이 가까이 왔느니라 하시더라"(마 4:17).

예수님은 사람들 앞에서 말씀하시고 계시는 자신이 천국으로서 그들의 손이 닿는 곳에 가까이 와 계셨던 것입니다. 예수님께서 제자들에게 복이 있다고 말씀하신 것은 그들은 천국의 비밀이신 예수님을 직접 보고 있었고 천국의 음성을 직접 듣고 있었기 때문입니다.

"대답하여 이르시되 천국의 비밀을 아는 것이 너희에게는 허락되었으나 그들에게는 아니되었나니"(마 13:11).

예수님은 살아 계신 하나님의 성전으로 오시며 하나님의 성전 된 삶을 사시면서 하나님의 성전 되어 사는 기쁜 소식을 전하셨습니다. 다른 말로 표현하면 예수님은 이 세상에 천국으로 오시어서 천국의 삶을 사시면서 천국 복음, 곧 천국이 되어 사는 기쁜 소식을 전하셨습니다. 그리고 모든 병과 약한 것을 고치시고 귀신을 쫓아내시는 사역을 하셨습니다(마 4:23).

천국의 두 번째 의미: 성령으로 오신 그리스도

"진실로 너희에게 이르노니 여기 서 있는 사람 중에 죽기 전에 인자가 그 왕권을 가지고 오는 것을 볼 자들도 있느니라"(마 16:28).

"내가 참으로 너희에게 이르노니 여기 서 있는 사람 중에 죽기 전에 하나님의 나라를 볼 자들도 있느니라"(눅 9:27).

왕권을 가지고 성령으로 오시는 그리스도가 하나님 나라라는 말씀입니다.

"내가 아버지께 구하겠으니 그가 또 다른 보혜사를 너희에게 주사 영원토록 너희와 함께 있게 하시리니"(요 14:16).

이 말씀은 성령으로 오실 그리스도를 가리키는 것입니다.

"그 날에는 내가 아버지 안에, 너희가 내 안에, 내가 너희 안에 있는 것을 너희가 알리라"(요 14:20).

예수님은 제자들에게 죽기 전에 자신이 왕권을 가지고 오신다는 것과 성령 안에서 오시는 그리스도 자신이 하나님 나라라는 것을 말씀하셨습니다. 또 성령 강림 이후에 성령 안에서 오신 그리스도가 전파되어서 사람마다 그리스도 안으로 들어가야 합니다.

"율법과 선지자는 요한의 때까지요 그 후부터는 하나님 나라의 복음이 전파되어 사람마다 그리로 침입하느니라"(눅 16:16).

모든 구원은 성령 안에서, 오신 그리스도 안에서만 이루어집니다.

천국의 세 번째 의미: 하나님의 성전 된 성도들이 천국

세 번째 천국의 의미는 복음을 듣고 성령으로 말미암아 예수 그리스도를 믿고 하나님의 자녀로 거듭나 하나님의 성전 되어서 살아가는 성도들이 천국인 것입니다. 하나님의 생명, 즉 '성령'으로 거듭나서 그리스도 안에서 하나님의 성전이 되어 살아가는 우리가 곧 천국이요, 하나님 나라요, 살아 계신 하나님의 성전인 것입니다.

"너희가 하나님의 성전인 것과 하나님의 성령이 너희 안에 거하시는 것을 알지 못하느뇨"(고전 3:16).

"너희 몸은 너희가 하나님께로부터 받은 바 너희 가운데 계신 성령의 전인 줄을 알지 못하느냐 너희는 너희 자신의 것이 아니라"(고전 6:19).

"너희가 믿음 안에 있는가 너희 자신을 시험하고 너희 자신을 확증하라 예수 그리스도께서 너희 안에 계신 줄을 너희가 스스로 알지 못하느냐 그렇지 않으면 너희는 버림받은 자니라"(고후 13:5).

하나님의 성전이 되어서 살아가는 우리가(내가) 천국인 것입니다. 그 이유는 천국으로 오신 주님이 새 언약의 중보자로 오셔서 죽으시고 부활하셔서 성령으로 내 안에 성전 삼고 들어오셨기 때문입니다. 내가 천국이 되어서 천국의 삶을 누리면서 주님 안에서 날마다 구원을 누리며 안식하면서 주님의 음성을 듣고 가르침을 받으며 살아가는 것입니다.

"우리가 세상의 영을 받지 아니하고 오직 하나님으로부터 온 영을 받았으니 이는 우리로 하여금 하나님께서 우리에게 은혜로 주신 것들을 알게 하려 하심이라"(고전 2:12).

그래서 우리는 날마다 육신의 생각과 마음을 죽이기 위해서 마음에 할례를 받아야 하는 것입니다.

"육신의 생각은 하나님과 원수가 되나니 이는 하나님의 법에 굴복하지 아니할 뿐 아니라 할 수도 없음이라"(롬 8:7).

"오직 이면적 유대인이 유대인이며 할례는 마음에 할지니 영에 있고 율법 조문에 있지 아니한 것이라 그 칭찬이 사람에게서가 아니요 다만 하나님에게서니라"(롬 2:29).

"예수께서 또 이르시되 너희에게 평강이 있을지어다 아버지께서 나를 보내신 것 같이 나도 너희를 보내노라 이 말씀을 하시고 그들을 향하사 숨을 내쉬며 이르시되 성령을 받으라"(요 20:21~22).

우리가 예수님처럼 천국이 되어서 살 수 있는 것은 우리가 성령으로 말미암아 하나님의 생명으로 거듭나 예수님처럼 천국이 되어 살 수 있도록 새롭게 창조되었기 때문입니다.

"만일 너희 속에 하나님의 영이 거하시면 너희가 육신에 있지 아니하고 영에 있나니 누구든지 그리스도의 영이 없으면 그리스도의 사람이 아니라"(롬 8:9).

바울 사도는 갈라디아 교회 성도들이 성령으로 거듭남으로 그리스도의 형상이 그들 속에 이루어져서 예수님처럼 살도록, 즉 천국이 되도록 해산의 수고를 했던 것입니다.

"나의 자녀들아 너희 속에 그리스도의 형상을 이루기까지 다시 너희를 위하여 해산하는 수고를 하노니"(갈 4:19).

성령으로 오신 그리스도를 보고 믿어야 영생의 삶을 살 수가 있으며 내 안에 계신 그리스도 안에서 주의 영광을 보고 주님의 음성을 듣고 살아가는 것이 천국이 되어서 살아가는 것입니다.

천국의 네 번째 의미: 천국은 천년왕국입니다

네 번째 천국의 의미는 첫째 부활에 참예한 자들이 그리스도와 더불어서 천 년 동안 왕 노릇 하는 천년왕국을 의미합니다. 천년왕국은 하나님의 생명으로 거듭난 성도들 중에 육신을 입고 사는 동안 살아 계신 하나님의 성전이 되어서 하나님의 음성을 듣고 헌신하고 그리스도의 장성한 분량까지 생명이 자란 사람들이 주님 재림하시는 날 첫째 부활에 참예하여 면류관을 받고 주님과 함께 천 년 동안 왕 노릇 하는 것을 말합니다.

"또 내가 보좌들을 보니 거기 앉은 자들이 있어 심판하는 권세를 받았더라 또 내가 보니 예수를 증거함과 하나님의 말씀 때문에 목 베임을 당한 자들의 영혼들과 또 짐승과 그의 우상에게 경배하지 아니하고 그들의 이마와 손에 그의 표를 받지 아니한 자들이 살아서 그리스도와 더불어 천 년 동안 왕 노릇하니 (그 나머지 죽은 자들은 그 천 년이 차기까지 살지 못하더라) 이는 첫째 부활이라 이 첫째 부활에 참여하는 자들은 복이 있고 거룩하도다 둘째 사망이 그들을 다스리는 권세가 없고 도리어 그들이 하나님과 그리스도의 제사장이 되어 천 년 동안 그리스도로 더불어 왕 노릇 하리라"(계 20:4~6).

천국의 다섯 번째 의미: 천국은 영원한 하나님의 나라

다섯 번째 천국의 의미는 하나님의 생명을 가진 하나님의 자녀들이 영원히 거할 처소, 곧 아버지 하나님이 계시는 곳을 말합니다. 이 아버지 집이 바로 영원한 나라, 천당입니다. 이곳은 예수를 믿어 영생을 얻은 하나님의 자녀들이 천년왕국이 지나고 백보좌 심판 후에 살게 될 영원한 하나님 나라 곧 영원한 천국을 말합니다. 부활하신 주님이 가신 하늘이 바로 아버지 집이 있는 곳입니다. 그곳이 영원한 하나님의 나라 천당이라고 부르는 천국입니다.

"예수께서 이르시되 나를 붙들지 말라 내가 아직 아버지께로 올라가지 아니하였노라 너는 내 형제들에게 가서 이르되 내가 내 아버지 곧 너희 아버지, 내 하나님 곧 너희 하나님께로 올라간다 하라 하시니"(요 20:17).

그렇다면 믿음으로 구원받은 성도들은 지금 어디에 있을까요? 믿음으로 구원받은 성도들은 이 세상을 떠난 후에 아브라함의 품속에 있다고 말하기도 하지만 이곳은 낙원이라고 합니다.

"이에 그 거지가 죽어 천사들에게 받들려 아브라함의 품에 들어가고 부자도 죽어 장사되매"(눅 16:22).

"예수께서 이르시되 내가 진실로 네게 이르노니 오늘 네가 나와 함께 낙원에 있으리라 하시니라"(눅 23:43).

"그가 낙원으로 이끌려 가서 말로 표현할 수 없는 말을 들었으니 사람이 가히 이르지 못할 말이로다"(고후 12:4).

그리스도를 보내주시기로 약속하신 하나님을 믿고 죽은 구약의 성도들이나 성령으로 오신 예수님을 믿고 거듭난 신약의 성도들은 모두가 낙원에 있는 것입니다. 그러므로 지금은 아직 영원한 천국에 들어간 성도가 없다는 것입니다.

첫째 부활에 참예하지 못한 사람은 천년왕국이 끝나고 백보좌 심판 후, 즉 마귀와 마귀에게 속한 거짓 선지자들과 불신자들과 사망과 음부도 모두 지옥에 멸하시고 나라를 아버지 하나님께 바칠 때에 부활하게 되는데 이것이 마지막 부활인 것입니다.

"또 너희에게 이르노니 동서로부터 많은 사람이 이르러 아브라함과 이삭과 야곱과 함께 천국에 앉으려니와 그 나라의 본 자손들은 바깥 어두운 데 쫓겨나 거기서 울며 이를 갈게 되리라"(마 8:11~12).

"또 내가 보니 죽은 자들이 무론 큰 자나 작은 자나 그 보좌 앞에 서 있는데 책들이 펴 있고 또 다른 책이 펴졌으니 곧 생명책이라 죽은 자들이 자기 행위를 따라 책들에 기록된 대로 심판을 받으니 바다가 그 가운데서 죽은 자들을 내주고 또 사망과 음부도 그 가운데에서 죽은 자들을 내주매 각 사람이 자기의 행위대로 심판을 받고 사망과 음부도 불못에 던져지니 이것은 둘째 사망 곧 불못이라 누구든지 생명책에 기록되지 못한 자는 불못에 던져지더라"(계 20:12~15).

그러므로 첫째 부활은 천년왕국에 들어가 그리스도와 천 년 동안 왕 노릇하기 위한 부활이고 나중 부활은 영원한 하나님의 나라로 들어가는 부활이라고 할 수가 있습니다.

"아담 안에서 모든 사람이 죽은 것 같이 그리스도 안에서 모든 사람이 삶을 얻으리라 그러나 각각 자기 차례대로 되리니 먼저는 첫 열매인 그리스도요 다음에는 그가 강림하실 때에 그리스도에게 속한 자요 그 후에는 마지막이니 그가 모든 통치와 모든 권세와 능력을 멸하시고 나라를 아버지 하나님께 바칠 때라"(고전 15:22~24).

다섯 가지 모습으로 나타나는 천국은 모두 하나님의 생명으로 거듭난 하나님의 자녀들만이 볼 수 있으며 들어갈 수 있는 것입니다. 그래서 예수님이 비밀이라고 말씀하신 것입니다.

하나님 나라의 비밀에 관해서 "제자들이 예수께 나아와 이르되 어찌하여 그들에게 비유로 말씀하시나이까 대답하여 이르시되 천국의 비밀을 아는 것이 너희에게는 허락되었으나 그들에게는 아니되었나니"(마 13:10~11).

이렇듯 성령으로 거듭난 생명을 가진 자는 자기 안에 계신 성령으로 그리스도를 볼 수가 있고 주님의 음성을 듣고 가르침을 받으며 살아가게 됩니다.

그러므로 성경에 나타나는 천국은 현대적이고 또 미래적인 의미를 갖고 있습니다. 먼저 현대적인 천국은 이 땅에 육신으로 오신 그리스도 자신과, 성령 안에서 오신 그리스도와, 또한 성령으로 거듭나서 하나님의 성전이 된 성도들에게 이미 성취된 현대적인 천국입니다. 또 미래적인 천국은 예수님의 재림 이후에 앞으로 이루어질 천년왕국의 천국과 아버지 집을 의미하는 것으로써 아직 성취되지 않은 영원한 아버지 집 하늘에서 누릴 천국입니다.

"또 내가 새 하늘과 새 땅을 보니 처음 하늘과 처음 땅이 없어졌고 바다도 다시 있지 않더라 또 내가 보매 거룩한 성 새 예루살렘이 하나님께로부터 하늘에서 내려오니 그 준비한 것이 신부가 남편을 위하여 단장한 것 같더라"(계 21:1~2).

"내가 들으니 보좌에서 큰 음성이 나서 이르되 보라 하나님의 장막이 사람들과 함께 있으매 하나님이 그들과 함께 계시리니 그들은 하나님의 백성이 되고 하나님은 친히 저희와 함께 계셔서"(계 21:3).

제 2 부

넘치는
은혜의 복

SPIRITUL WAR AND GOSPEL OF HEAVEN

01

그리스도 안에서 심고 누리는 축복의 비결

주는 자에게 복이 있다

이제 먼저는 새 언약이 내 안에 이루어져서 주님이 내 안에서 말씀하시는 음성을 듣거나 주시는 마음에서 순종으로 드려져야 합니다. 내 기분과 감정에 좌우되거나 내 마음대로 한다면 그것은 주님과 아무런 상관이 없으며 어떠한 것도 거둘 수 없다는 것을 알아야 합니다.

내 안에서 말씀하시는, 또 주님이 주시는 마음 안에서 믿음으로 드려진 것들은 주님이 반드시 기억하시고 그날에 상급뿐만 아니라 이 땅에서도 때가 되면 거두시게 하신다는 것입니다(자녀들에게까지 그 축복이 임한다). 그래서 가난한 자들을 돕고 구제하고 섬기며 살아가는 사람에게 성경은 주는 자가 복되다고 한 것입니다(행 20:35).

"가난한 자를 불쌍히 여기는 것은 여호와께 꾸어 드리는 것이니 그의 선행을 그에게 갚아 주시리라"(잠 19:17).

"네 손이 선을 베풀 힘이 있거든 마땅히 받을 자에게 베풀기를 아끼지 말며"(잠 3:27).

"가난한 자를 구제하는 자는 궁핍하지 아니하려니와 못 본 체하는 자에게는 저주가 크리라"(잠 28:27).

그러므로 기도하면서 주님의 음성을 듣거나 그 마음에 선한 생각과 마음을 주실 때는 놓치지 마시고 믿음으로 심기를 바랍니다. 그것은 우리에게 주시는 기회이기 때문에 힘들어도 어려워도 하시기 바랍니다. 그래야 주님 안에서 풍성한 삶을 살아갈 수 있습니다. 여의치 않더라도 구제와 선교, 섬기는 일을 게을리 하지 않기를 바랍니다.

마게도냐 교회를 기억하라

"형제들아 하나님께서 마게도냐 교회들에게 주신 은혜를 우리가 너희에게 알리니 환난의 많은 시련 가운데서 그들의 넘치는 기쁨과 극심한 가난이 그들의 풍성한 연보를 넘치도록 하게 하였느니라 내가 증언하노니 그들이 힘대로 할 뿐 아니라 힘에 지나도록 자원하여"(고후 8:1~3).

마게도냐 교회 성도들이 얼마나 어려운 환경 속에서도 주님을 섬기며, 선교하며, 구제하는 일에 최선을 다했는지를 알 수가 있습니다. 그들은 부요하신 하나님을 잘 알고 있었고, 심어야 거둔다는 법칙을 알았기에 최선을 다해 주님을 사랑하는 마음과 기쁨 안에서 믿음으로 심은 것입니다.

"이것이 곧 적게 심는 자는 적게 거두고 많이 심는 자는 많이 거둔다 하는 말로다 각각 그 마음에 정한대로 할 것이요 인색함으로나 억지로 하지 말지니 하나님은 즐겨 내는 자를 사랑하시느니라"(고후 9:6~7).

많은 사람들이 주님의 축복을 받고 풍성한 삶을 살기를 원합니다. 그러나 심지 않은 곳에서 무엇을 거둘 수가 있을까요? 자연계의 법칙에서도 우리에게 교훈을 하고 있는 것입니다. 혹 여러분들이 새 언약 천국 복음을 알고 살아간다고 하여도 온전한 십일조 생활을 하지 못하고, 주님께 심어지는 것이 적으면 그만큼 거두는 것도 적어지며 주님의 풍성한 것들을 누리며 살 수가 없습니다.

"너희 소유를 팔아 구제하여 낡아지지 아니하는 배낭을 만들라 곧 하늘에 둔 바 다함이 없는 보물이니 거기는 도둑도 가까이 하는 일이 없고 좀도 먹는 일이 없느니라"(눅 12:33).

누가복음 12장 16~20절의 말씀에는 어떤 부자에 대한 이야기가 나옵니다. 자기 밖에 모르는 부자에게 "하나님은 이르시되 어리석은 자여 오늘밤에 네 영혼을 도로 찾으리니 그러면 네 준비한 것이 누구의 것이 되겠느냐 하셨으니 자기를 위하여 재물을 쌓아두고 하나님께 대하여 부요하지 못한 자가 이와 같으니라"(눅 12:20~21)라고 합니다. 주님은 주라고 말씀하십니다. 그것은 더 많은 것을 주시기 위함임을 알아야 합니다.

"주라 그리하면 너희에게 줄 것이니 곧 후히 되어 누르고 흔들어 넘치도록 하여 너희에게 안겨 주리라 너희가 헤아리는 그 헤아림으로 너희도 헤아림을 도로 받을 것이니라"(눅 6:38).

"나의 하나님이 그리스도 예수 안에서 영광 가운데 그 풍성한 대로 너희 모든 쓸 것을 채우시리라"(빌 4:19).

주님은 풍성하신 분이십니다. 마귀에게 속아서, 인색함으로, 억지로, 아까워서, 또는 형편이 나아지면 해야지 한다면 그만큼 주님에게서 올 축복과 거둘 것과 누릴 것이 늦어진다는 것을 알아야 합니다. 앞으로 나올 《영적 전쟁과 승리의 비결》이란 책에서 이 문제들과 영의 세계에 관한 이야기들을 더 자세히 다룰 것입니다. 아마도 그 책을 보신다면 여러분의 가난과 어려움들에 대한 문제들을 알 수 있을 것입니다.

"부귀가 내게 있고 장구한 재물과 의도 그러하니라"(잠 8:18).

"흩어 구제하여도 더욱 부하게 되는 일이 있나니 과도히 아껴도 가난하게 될 뿐이니라 구제를 좋아하는 자는 풍족하여질 것이요 남을 윤택하게 하는 자는 윤택하여지리라"(잠11:24~25).

"선한 눈을 가진 자는 복을 받으리니 이는 양식을 가난한 자에게 줌이라"(잠 22:9).

힘들고 어렵다고 심지 않는다면 결코 거둘 수가 없음을 알아야 합니다.

"심는 자에게 씨와 먹을 양식을 주시는 이가 너희 심을 것을 주사 풍성하게 하시고 너희 의의 열매를 더하게 하시리니"(고후 9:10).

"우리 주 예수 그리스도의 은혜를 너희가 알거니와 부요하신 이로서 너희를 위하여 가난하게 되심은 그의 가난함으로 말미암아 너희를 부요하게 하려 하심이라"(고후 8:9).

"그는 종일토록 은혜를 베풀고 꾸어 주니 그의 자손이 복을 받는도다"(시 37:26).

"스스로 속이지 말라 하나님은 업신여김을 받지 아니하시나니 사람이 무엇으로 심든지 그대로 거두리라"(갈 6:7).

주님은 우리가 이 땅에서 가난하고 궁핍하게 사는 것을 원하시지 않습니다. 또 먹을 것과 쓸 것을 조금 주시고 살아가게 하시는 분이 아니십니다. 주님은 우리의 마음을 보십니다. 그리고 믿음을 보시고 행함을 보십니다. 선택은 내가 결정할 뿐입니다. 주님은 우리에게 기회를 주시는 것입니다.

"네 재물과 네 소산물의 처음 익은 열매로 여호와를 공경하라 그리하면 네 창고가 가득히 차고 네 포도즙 틀에 새 포도즙이 넘치리라"(잠 3:9~10).

"만군의 여호와가 이르노라 너희의 온전한 십일조를 창고에 들여 나의 집에 양식이 있게 하고 그것으로 나를 시험하여 내가 하늘 문을 열고 너희에게 복을 쌓을 곳이 없도록 붓지 아니하나 보라"(말 3:10).

물론 십일조 생활을 하지 않는다고 죄가 되는 것은 아닙니다. 그러나 정상적인 십일조 생활을 해야만 마귀가 틈타지 않고 헛된 것으로 돈들이 새어 나가는 것을 막을 수가 있기 때문입니다. 주님은 당신이 사랑하는 자들이 이 땅에 살아가면서 필요한 모든 것들을 잘 알고 있습니다. 그러한 주님에게 없다고 하지 말고 아주 작은 것부터라도 시작하시기 바랍니다. 마귀에게 더 이상 속지 마시기 바랍니다. 선택의 기회가 올 때마다 놓치지 마시고 마게도냐 성도들을 기억하시기 바랍니다. 극한 가난 속에서도 그들의 지혜로운 선택과 결단들을 기억해야 합니다. 그리고 심었다면 지혜롭게 기다릴 줄도 아시기 바랍니다.

"우리가 선을 행하되 낙심하지 말지니 포기하지 아니하면 때가 이르매 거두리라"(갈 6:9).

"내 형제들아 만일 사람이 믿음이 있노라 하고 행함이 없으면 무슨 유익이 있으리요 그 믿음이 능히 자기를 구원하겠느냐 만일 형제나 자매가 헐벗고 일용할 양식이 없는데 너희 중에 누구든지 그에게 이르되 평안히 가라, 덥게 하라, 배부르게 하라 하며 그 몸에 쓸 것을 주지 아니하면 무슨 유익이 있으리요 이와 같이 행함이 없는 믿음은 그 자체가 죽은 것이라"(약 2:14~17).

믿음과 행함으로 받는 축복

이제 그리스도 안에서 여러분들이 믿음으로 행함과 받는 축복의 내용들입니다.

첫 번째는 주의 종을 잘 섬기는 것입니다.

"가르침을 받는 자는 말씀을 가르치는 자와 모든 좋은 것을 함께하라"(갈 6:6).

"너희를 인도하는 자들에게 순종하고 복종하라 그들은 너희 영혼을 위하여 경성하기를 자신들이 청산할 자인 것 같이 하느니라 그들로 하여금 즐거움으로 이것을 하게 하고 근심으로 하게 하지 말라 그렇지 않으면 너희에게 유익이 없느니라"(히 13:17).

특별히 새 언약 안에서 여러분은 인도하는 주의 종을 잘 섬기시기 바랍니다. 열왕기상 17장 10~16절은 유명한 사르밧 과부에 대한 이야기입니다. 그 일로 인하여 그 식구들이 가뭄 속에서도 살았던 내용들입니다. 또 열왕기하 4장 8~17절에는 엘리사의 수넴 여인 사건이 나타나고 있습니다. 하루는 엘리사가 수넴에 이르렀더니 거기에 한 여인이 그를 권하여 음식을 먹게 하였습니다. 그러자 엘리사가 그곳을 지날 때마다 음식을 먹으러 그 여인의 집에 찾아갔습니다. 그러다 엘리사가 그 여인의 정성에 감복해 그 여인을 위해 무언가를 해주어야겠다고 생각했고, 엘리사의 몸종 게하시가 "이 여인은 아들이 없고, 남편이 늙었으니 아들이 있으면 좋을 것 같다"고 이야기했습니다. 그러자 엘리사는 그 여인을 위해 기도해주었습니다. 그리고 여인이 잉태하여 엘리사가 여인에게 말한 대로 아들을 낳았습니다.

저 역시 많은 사랑을 주신 분들에게서 주님의 일하심을 수없이 많이 보아왔습니다.

두 번째는 구제와 선교입니다.

"남에게 대접을 받고자 하는 대로 너희도 남을 대접하라"(눅 6:31).

"누구든지 너희를 그리스도에게 속한자라 하여 물 한 그릇이라도 주면 내가 진실로 너희에게 이르노니 그가 결코 상을 잃지 않으리라"(막 9:41).

마태복음 25장 31~40절에는 양과 염소의 비유가 잘 나와 있습니다. 여러분 주님을 빚쟁이로 만드시는 지혜로움이 있으시길 바랍니다. 그래서 풍성하신 주님 안에서 누리시는 은혜가 있길 바랍니다.

저 역시 주의 종이지만 주님이 내 안에서 말씀하실 때나 그 마음을 주실 때마다 놓치지 않고 순종하여 드립니다. 어려운 주의 종들을 섬깁니다. 특별히 새 언약 안으로 들어가시는 과정 안에 계신 주의 종들을 더 귀히 여기며 섬깁니다. 제게 주시는 그 기회를 놓치지 않습니다. 그랬더니 어느 날 주님이 내가 왜 너를 더 많이 사랑하는 줄 아느냐고 물었습니다. "너는 지금까지 부탁할 때마다 한 번도 거절한 적이 없었다"고 하셨습니다. 저는 깜짝 놀랐습니다. "주님 다른 사람들도 다 그렇게 하잖아요?" 그랬더니 "내가 그들에게도 너에게 한 것처럼 했지만 그들이 모두 내 음성이 주는 그 마음에 순종한 건 아니다"라고 말씀을 하셨습니다.

주님은 "내가 부탁을 했다"라고 분명히 말씀을 하셨습니다. 누군가를 돕기 위한 그 마음은 우리를 통하여 그 일을 예비하신 주님이 주신 마음이었던 것입니다. 주님의 음성에, 주님이 주시는 그 마음에 순종한 결과 저는 참으로 많은 기적 같은 일들을 누리며 살아가고 있습니다. 때마다 공급하시며 누리게 하시는 주님은 저뿐만 아니라 사랑하는 두 딸에게도 넘치는 사랑을 누리며 살게 하셨습니다. 앞으로도 죽는 그 순간까지 주님 앞에 가는 그날까지 나누며 살기를 원할 뿐입니다.

겉옷을 달라면 속옷을 주고 오 리를 가자면 십 리를 가라는 주님의 마음, 그것이 어떻게 우리의 노력으로 되겠습니까? 오직 내 안에서 나를 성전 삼고 살고 계시는 주님의 사랑 안에서, 주님이 주시는 그 마음으로 살 때 비로소 누릴 수 있는 기쁨인 것입니다.

육신의 때가 심을 수 있는 기회입니다. 내가 육신을 입고 살 동안에 이 땅에서 뿐만 아니라 아버지 집에 훗날 받을 상급의 기회를 쌓는 것이기도 한 것입니다. 하나님의 생명 안에서 여러분이 행함으로 받는 축복인 것입니다.

> "선을 행하고 선한 사업을 많이 하고 나누어 주기를 좋아하며 너그러운 자가 되게 하라 이것이 장래에 자기를 위하여 좋은 터를 쌓아 참된 생명을 취하는 것이니라"(딤전 6:18~19).

> "원하건대 주께서 오네시보로의 집에 긍휼을 베푸시옵소서 그가 나를 자주 격려해 주고 내가 사슬에 매인 것을 부끄러워하지 아니하고 로마에 있을 때에 나를 부지런히 찾아와 만났음이라 (원하건대 주께서 그로 하여금 그 날에 주의 긍휼을 입게 하여 주옵소서) 또 그가 에베소에서 많이 봉사한 것을 네가 잘 아느니라"(딤후 1:16~18).

주님은 우리가 이 땅에서 풍성한 삶을 누리며 살아가기를 원하십니다.

> "누가 이 세상의 재물을 가지고 형제의 궁핍함을 보고도 도와줄 마음을 닫으면 하나님의 사랑이 어찌 그 속에 거하겠느냐 자녀들아 우리가 말과 혀로만 사랑하지 말고 오직 행함과 진실함으로 하자"(요일 3:17~18).

> "하나님은 불의하지 아니하사 너희 행위와 그의 이름을 위하여 나타낸 사랑으로 이미 성도를 섬긴 것과 이제도 섬기고 있는 것을 잊어버리지 아니하시느니라"(히 6:10).

02

그리스도인이 받을 고난과 상급

그리스도의 군사가 되라

"사랑하는 자들아 너희를 연단하려고 오는 불 시험을 이상한 일 당하는 것같이 이상히 여기지 말고 오히려 너희가 그리스도의 고난에 참여하는 것으로 즐거워하라 이는 그의 영광을 나타내실 때에 너희로 즐거워하고 기뻐하게 하려함이라 너희가 그리스도의 이름으로 치욕을 당하면 복 있는 자로다 영광의 영 곧 하나님의 영이 너희 위에 계심이라"(벧전 4:12~14).

"만일 그리스도인으로 고난을 받으면 부끄러워하지 말고 도리어 그 이름으로 하나님께 영광을 돌리라"(벧전 4:16).

"이를 위하여 너희가 부르심을 받았으니 그리스도도 너희를 위하여 고난을 받으사 너희에게 본을 끼쳐 그 자취를 따라오게 하려 하셨느니라"(벧전 2:21).

"너는 그리스도 예수의 좋은 병사로 나와 함께 고난을 받으라 병사로 복무하는 자는 자기 생활에 얽매이는 자가 하나도 없나니 이는 병사로 모집한 자를 기쁘게 하려 함이라"(딤후 2:3~4).

"아버지나 어머니를 나보다 더 사랑하는 자는 내게 합당하지 아니하고 아들이나 딸을 더 사랑하는 자도 내게 합당하지 아니하며 또 자기 십자가를 지고 나를 따르지 않는 자도 내게 합당하지 아니하니라"(마 10:37~38).

"예수께서 이르시되 내가 진실로 너희에게 이르노니 나와 복음을 위하여 집이나 형제나 자매나 어머니나 아버지나 자식이나 전토를 버린 자는 현세에 있어 집과 형제와 자매와 어머니와 자식과 전토를 백 배나 받되 박해를 겸하여 받고 내세에 영생을 받지 못할 자가 없느니라"(막 10:29~30).

"주인이 이르되 잘하였다 착한 종이여 네가 지극히 작은 것에 충성하였으니 열 고을 권세를 차지하라 하고"(눅 19:17).

"내가 달려갈 길과 주 예수께 받은 사명 곧 하나님의 은혜의 복음을 증언하는 일을 마치려 함에는 나의 생명조차 조금도 귀한 것으로 여기지 아니하노라"(행 20:24).

이제 우리 모두는 복음을 위하여 부름받은 자들입니다. 각자의 분야와 하는 일들이 다를 뿐 우리 모두는 그리스도의 병사로 부름을 받은 자들이기에 주님의 부르심에 온전히 순종해야 할 것입니다. 내가 개인적으로 좋아하는 우리나라의 장군이 바로 계백 장군입니다. 무너져 가는 나라를 위해 자기 가족을 모두 죽이고 전쟁터로 나가던 그 비장한 장수의 모습을 떠올려 봅니다. 우리 모두는 주님의 십자가의 군사로서 모든 것을 내려놓고 나갈 때 비로소 영적인 경주에서 이길 수가 있습니다.

전적으로 헌신하는 믿음

"자기 목숨을 얻는 자는 잃을 것이요 나를 위하여 자기 목숨을 잃는 자는 얻으리라"(마 10:39).

가족과 자신까지도 내 것이 아닌 주님의 것이라는 믿음과 함께, 사나 죽으나 주님의 나라를 위해서 온전히 드려질 때 비로소 이길 수가 있다는 것입니다.

물론 때로는 혹독한 대가를 치루기도 합니다. 수많은 세월들을 지나오면서 곳곳에 주님의 교회가 세워질 때마다 처참하게 무너지는 아픔의 시간들을 걸어가야만 했습니다. 《당신은 빚을 갚았는가》라는 간증집을 통해 소개했습니다만, 중국 땅 곳곳에, 오사카, 마닐라, 쿤밍, 리수족, 묘족, 장족 등이 있는 오지 마을, 우리나라의 땅끝 횡간도, 정동진, 제주 임마누엘교회, 몽골, 터키, 그 외 수없는 선교지 곳곳에 눈물과 땀방울이 떨어지며 교회가 세워질 때마다 제 주변에서 문제가 발생했습니다. 나의 사랑하는 자녀들이 아무런 이유도 없이 다쳐 응급실에 실려가 꼼짝 못 할 때도 있었고, 가정이 무너질 뻔하기도 하고, 교통사고가 나기도 하며, 섬기던 교회가 사기를 당해 무너져버리기까지 하는 등 이루 말할 수 없는 수많은 사단의 공격을 받았습니다. 이 자리에 오기까지 주님의 부르심 앞에 피눈물을 흘리면서 한 번도 왜냐고 묻지를 못했습니다.

교회를 세우기 위해서 흙집에 무너져 내리는 천장과 벽에 신문지로 도배를 해야 했으며, 밤이면 구멍 난 천장 위에서 내려다보는 쥐와 눈이 마주쳐 몸서리를 쳐야 했습니다. 굶기를 밥 먹듯 하고 자동차가 없어 손수레에 주일학교 아이들을 태우고 다니기도 했으며, 곰팡이 피는 지하실 방에 비만 오면 변기가 역류해 똥물이 넘쳐서 아이들이 똥독에 오르는 등 말할 수 없는 어려움을 겪었습니다. 그러나 하나님과의 약속을 지키려고 중국에 고아원을 세우고 벳세메스의 암송아지처럼 처절하게 이 길을 걸어갔습니다.

주님은 이 모습을 외면하지 않으셨습니다. 어려울 때마다 주님은 천사들을 통해 지키셨습니다. 한번은 작은 경차에 손주 세 명이 나란히 뒷

좌석에, 두 딸은 앞좌석에 앉아 파주 출판단지 내에 책을 보려고 가는데 뒤에서 중형차가 들이받아 큰 사고가 났습니다. 하지만 한 사람도 다친 사람이 없어서 현장을 나온 경찰관이 기적이라고 말한 적도 있었습니다.

또 호주 브리즈번에서는 엔진이 떨어져나가며 상대 자동차가 차를 뚫고 안으로 들어와서 폐차가 되는 큰 사고도 있었지만 하나님께서 딸과 손주를 지켜주셔서 그저 감사를 드릴 뿐입니다. 그뿐만이 아니라 큰 딸이 허리를 다쳐 꼼짝 못하고 누워 있다는 연락을 받고 병원에 데려가기 위해 파주에서 방학동까지 미친 듯이 달려갈 때 성도의 다급한 심방 요청에 그만 녹양동 공설운동장 옆에 자동차를 세우고 윗층 친구에게 도움을 구하라고 딸에게 전화를 했습니다. 엄마의 울먹이는 목소리에 딸은 "엄마 나는 괜찮으니까 어서 가세요. 엄마는 하나님의 종이잖아요"라고 말했습니다. 핸들을 돌려 가던 길을 되돌아오면서 얼마나 울면서 통곡을 했는지 모릅니다. 엄마이기를 포기하고 주의 종의 길을 먼저 선택한 모질기만 했던 엄마의 눈물의 통곡 끝에 딸의 몸은 자동차가 파주에 들어서기도 전에 그 자리에서 나아 일어섰습니다. 이런 사건들을 어떻게 설명을 해야 할까요?

이렇듯 주님은 그때마다 놀라운 기적의 사건들을 보게 하셨습니다.

"사람이 감당할 시험 밖에는 너희에게 당한 것이 없나니 오직 하나님은 미쁘사 너희가 감당하지 못할 시험 당함을 허락하지 아니하시고 시험 당할 즈음에 또한 피할 길을 내사 너희로 능히 감당하게 하시느니라"(고전 10:13).

주님은 우리의 믿음을 보십니다. 그리고 감당할 수 없을 때는 반드시 피할 길을 내시며 우리를 이끄십니다. 그리고 주님이 우리를 시험하시고 사단에게 내어준 것이 아니라 사단이 그 상황에서 우리의 모든 환경을 몰아갈 때 내가 어떻게 하느냐에 따라서 주님이 그 일들을 풀어주시고 해결해주시는 것입니다. 그러므로 내가 할 수 있는 것은 오직 나를 부르신 그 부르심 앞에 온전히 무릎을 꿇고 나아가는 것뿐입니다. 그럴 때 보이지 않는 영적인 전쟁에서 승리할 수 있으며 주님의 영광을 누릴 수가 있습니다.

마치 여호수아가 하나님의 영광을 보고 자기 권리를 포기하고 나아갔을 때 여리고 성이 무너지고 승리하여 전쟁의 전리품을 취할 수가 있었듯이 우리 역시 나를 성전 삼고 내가 사는 것이 아니요 내 안에 살고 계신 그 주님을 볼 때 그분 안에서 쉼(안식)을 얻고 구원을 누리며 주님의 일하심을 볼 것입니다.

오직 주님을 믿는 믿음만이 악한 원수의 손에서 나와 내 가정과 내 자녀들을 지키고 모두가 다 주님의 날개 아래에서 안식을 누리며 주님의 구원하심과 일하심을 보게 할 것입니다. 그리고 그분을 믿는 믿음 안에서, 내 안에 나를 성전 삼고 말씀하시는 주님의 음성을 들어야 합니다. 또한 말씀하시면 반드시 이루시는 그 주님 안에 있을 때 날마다 천국이 되며, 성령의 인도하심 안에서 생명의 성령의 법으로 살아갈 때 승리할 수가 있습니다.

고난 뒤에 오는 축복

우리는 종교인이 아니요 그리스도인입니다. 내 안에 계신 성령님과 함께 날마다 누리며 살아가는 축복된 자입니다. 그리고 악한 영들의 공격에서도 주인의 영광(사랑)을 보며 살아갈 것입니다.

"이르되 모든 거짓과 악행이 가득한 자요 마귀의 자식이요 모든 의의 원수여 주의

바른 길을 굽게 하기를 그치지 아니하겠느냐"(행 13:10).

하나님께서 나를 창조하시고 부르신 목적은 오직 하나님의 영광을 위해서입니다. 하나님의 형상으로 창조된 인간은 하나님의 성전이 되어서 하나님의 생명 안에 있는 모든 영광을 삶을 통해 나타내어야 할 사명을 가지고 있습니다. 그러므로 우리는 날마다 주님의 모습으로 변화되어서 주님의 마음을 가지고 주님처럼 하나님을 사랑하며 살아가는 새 언약의 일꾼들이 되어야 할 것입니다. 또한 살아계신 하나님의 성전이 되어 주님의 사랑을 보고 나타내며 살아가는 것이 성도들의 기업이며 축복인 것입니다. 이제는 죄와 율법의 무거운 짐을 벗어버리고 안식과 자유를 누리는 삶을 살아가시기를 바랍니다.

"그러므로 이제 그리스도 예수 안에 있는 자에게는 결코 정죄함이 없나니"(롬 8:1).

"진리를 알지니 진리가 너희를 자유롭게 하리라"(요 8:32).

"우리가 다 수건을 벗은 얼굴로 거울을 보는 것 같이 주의 영광을 보매 그와 같은 형상으로 변화하여 영광에서 영광에 이르니 곧 주의 영으로 말미암음이니라"(고후 3:18).

"그리스도께서 우리를 자유롭게 하려고 자유를 주셨으니 그러므로 굳건하게 서서 다시는 종의 멍에를 메지 말라"(갈 5:1).

이제 성령으로 말미암아 그리스도의 마음으로 살 때 죄와 사망의 법에서 해방되고 세상의 모든 것에서 자유하게 됩니다. 즉 성령으로 말미암아 내 안에서 나를 성전 삼아 살고 계시는 주님과 함께 하나님의 영광(사랑)을 보고 왕의 영광을 누리며 천국 된 삶을 살다가 영원한 천국으로 들어가는 것이 천국 된 하나님 자녀들의 삶인 것입니다.

이제는 율법의 무거운 짐을 벗어버리시고 진정한 믿음의 자유를 누리며 새 언약의 일꾼으로서 복된 삶을 살아가시기 바랍니다. 또 그리스도 안에서 받을 고난과 상급은 이제 내가 육신을 입고 이 땅에서 어떻게 살아갈 것인가의 선택인 것입니다. 주님은 일한 대로 갚아주십니다. 고난 뒤에는 축복도, 주님의 크신 은혜와 사랑도 있음을 알아야 합니다.

"이기는 자는 이와 같이 흰 옷을 입을 것이요 내가 그 이름을 생명책에서 결코 지우지 아니하고 그 이름을 내 아버지 앞과 그의 천사들 앞에서 시인하리라"(계 3:5).

"이기는 자는 내 하나님 성전에 기둥이 되게 하리니 그가 결코 다시 나가지 아니하리라 내가 하나님의 이름과 하나님의 성 곧 하늘에서 내 하나님께로부터 내려오는 새 예루살렘의 이름과 나의 새 이름을 그이 위에 기록하리라"(계 3:12).

제 3 부

영적
전쟁

01
영적 전쟁의 중요성

"끝으로 너희가 주 안에서와 그 힘의 능력으로 강건하여지고 마귀의 간계를 능히 대적하기 위하여 하나님의 전신 갑주를 입으라 우리의 씨름은 혈과 육을 상대하는 것이 아니요 통치자들과 권세들과 이 어둠의 세상 주관자들과 하늘에 있는 악의 영들을 상대함이라"(엡 6:10~12).

우리의 씨름은 혈과 육에 대한 것이 아닌 모든 배후에 보이지 않는 영들과의 싸움입니다. 그러나 내가 싸우는 것이 아니라 내 안에 나를 성전 삼아 살고 계시는 주님이 천사를 통해서 싸우는 영적인 전쟁입니다.

"너는 내가 내 아버지께 구하여 지금 열두 군단 더 되는 천사를 보내시게 할 수 없는 줄로 아느냐"(마 26:53).

"모든 천사들은 섬기는 영으로서 구원 받을 상속자들을 위하여 섬기라고 보내심이 아니냐"(히 1:14).

그러므로 하나님의 전신갑주를 입고 믿음으로 살아갈 때 승리할 수가 있습니다.

"밤이 깊고 낮이 가까웠으니 그러므로 우리가 어둠의 일을 벗고 빛의 갑옷을 입자"(롬 13:12).

또 기도와 간구로 늘 성령 안에서 깨어 기도할 때 승리할 수가 있습니다.

"기도를 계속하고 기도에 감사함으로 깨어 있으라"(골 4:2).

"모든 기도와 간구를 하되 항상 성령 안에서 기도하고 이를 위하여 깨어 구하기를 항상 힘쓰며 여러 성도를 위하여 구하라"(엡 6:18).

마귀는 하나님의 자녀들이 잘 되는 일을 방해하지 못합니다. 마귀가 온 것은 우리의 몸과 영혼을 도적질하고 멸망시키려는 것입니다. 마귀는 온갖 수단과 방법을 다 동원하여 우리를 공격합니다.

"믿는 자들에게는 이런 표적이 따르리니 곧 그들이 내 이름으로 귀신을 쫓아내며 새 방언을 말하며"(막 16:17).

예수님께서 제자들을 보내실 때 영적 능력을 주셨습니다.

"내가 너희에게 뱀과 전갈을 밟으며 원수의 모든 능력을 제어할 권능을 주었으니 너희를 해칠 자가 결단코 없으리라"(눅 10:19).

오늘날 우리에게도 이 은혜가 있습니다. 바로 우리의 믿음입니다.

"무릇 하나님께로부터 난 자마다 세상을 이기느니라 세상을 이기는 승리는 이것이니 우리의 믿음이니라"(요일 5:4).

그러므로 날마다 육신의 생각과 마음에 할례를 받고 주님이 주시는 생수를 먹고 마심으로 하나님의 영광을 보고 승리하는 것입니다. 천국의 영광은 이기는 자에게 돌아가는 것입니다. 신앙의 승리자가 되기 위해서 날마다 자기를 부인하는 삶을 살아갈 때 비로소 승리하는 삶을 살 수가 있습니다.

그런데 많은 사람들이 영적 전쟁에서 실패합니다. 왜 그럴까요? 첫째는 목회자가 가르치지 않아서입니다(영적 전쟁에 무관심하다). 둘째는 자기중심적인 신앙 때문입니다(마음에 안 맞으면 옮겨 갑니다. 심지어 채널을 바꾸어가면서 개인 가정예배를 드립니다). 셋째는 율법주의와 복음이 갈라지지 않은 채 의무적인 종교인이기 되었기 때문입니다. 넷째는 서구 신학의 영향 때문입니다(인간의 이성을 중요시합니다). 자유주의 신학은 인본주의적이며 세상적이기 때문에 모든 기준을 이 땅의 복에 맞춥니다. 우리는 영적인 존재이므로 우리의 영혼이 주님과의 관계에서 하나가 되고 회복될 때 비로소 이 땅의 복도 받습니다. 다섯째는 영적인 전쟁에 대한 잘못된 오해 때문입니다. 제 사역 중에 가장 힘들었던 부분이기도 합니다. 금요기도회 때마다 귀신이 나가고 병이 치유되며 갖가지 은혜가 나타나니까 근처 교회에서 이단으로 몰고 간 일이 있었습니다. 결국 피종진 목사님(남서울중앙교회 원로)이 오셔서 중재함으로 잠재워졌습니다. 그리고 마지막으로 잘못된 귀신론(이단) 때문입니다.

그러나 주의하며 알아야 할 것들은 영적 전쟁 자체가 목적이 되어서는 안 된다는 사실입니다. 영적 전쟁을 통해서 하나님의 영광을 드러내고 사람들을 악한 영들에게서 자유함을 누리게 하는 것이 목적이 되어야 합니다.

"죄를 짓는 자는 마귀에게 속하나니 마귀는 처음부터 범죄함이라 하나님의 아들이 나타나신 것은 마귀의 일을 멸하려 하심이니라"(요일 3:8).

또한 사단의 정체를 알고 영들을 분별하여야 합니다. 무조건적으로 사단의 역사, 귀신의 역사로 몰아가서는 안 되기 때문입니다. 사단에게 강하게 붙들린 사람일수록 눈빛이 다릅니다. 이 귀신은 성령으로만 쫓아낼 수가 있습니다.

"그러나 내가 하나님의 성령을 힘입어 귀신을 쫓아내는 것이면 하나님의 나라가 이미 너희에게 임하였느니라"(마 12:28).

"주의 성령이 내게 임하셨으니 이는 가난한 자에게 복음을 전하게 하시려고 내게 기름을 부으시고 나를 보내사 포로 된 자에게 자유를 눈먼 자에게 다시 보게 함을 전파하며 눌린 자를 자유롭게 하고"(눅 4:18).

"하나님이 나사렛 예수에게 성령과 능력을 기름 붓듯 하셨으매 저가 두루 다니시며 선한 일을 행하시고 마귀에게 눌린 모든 사람을 고치셨으니 이는 하나님이 함께 하셨음이라"(행 10:38).

이 축사 사역은 주님의 지상 명령입니다. 성경에는 "예수께서 그의 열두 제자를 부르사 더러운 귀신을 쫓아내며 모든 악한 것을 고치는 권능을 주시니라"(마 10:1)라고 기록되어 있습니다. 하나님의 능력이 나타나면 교회가 부흥합니다.

"이르시되 너희는 가서 저 여우에게 이르되 오늘과 내일은 내가 귀신을 쫓아내며 병을 고치다가 제삼일에는 완전하여지리라 하라"(눅 13:32).

예수님의 사역 대부분이 사단에게 포로 된 자들을 치유하시며 자유하게 하셨습니다. 사단이나 귀신은 인간의 육신에 생각과 마음을 통해서 역사하며 외부로부터 인간의 육을 공격하여 내적으로 침입합니다. 사단과 귀신은 여러 가지 통로를 통하여 인간의 몸에 침입하기도 하는데 때로는 어떤 장소나 환경을 통해서 직접 침입하기도 합니다.

제가 필리핀 바기오 핑사오 감리교신학교 강당에서 집회했을 때의 일입니다. 집회를 마친 후 함께 간 찬양단 자매가 바기오 엣셈마르에 갔다가 귀신들려 온 사건이 있었습니다. 바로 기도를 통해 정상으로 회복했지만 무당집이나 점집 같은 곳, 마술이나 부적, 우상의 종교와 관계된 곳 특히 음침하거나 사고가 자주 나는 곳, 때로는 사단에게 붙들린 자의 안수를 받을 때 악한 영이 들어가기도 합니다. 오래 전 한얼산 기도원에서 마귀 방언을 하는 어떤 사람에게 안수를 받은 집사님에게 그 방언이 전이(옮겨)되어가는 것을 보고 쫓아가서 축사해준 적이 있습니다. 그때 그 집사님이 하시는 말이, 방언을 받는데 캄캄한 굴속으로 끌려들어가는 듯 무서워 멈추려 해도 안 됐다며 감사해하던 모습이 생각납니다.

이렇듯 악령은 인간의 동의 없이 그 사람 안에 들어가서 역사하는데 우리가 그 통로를 만들어주어선 안 됩니다. 만일 어느 장소에 가든지 또 누구를 만나서 머리가 아프고 괜히 신경질과 짜증이 난다면 내 영이 상대방의 영(귀신, 사단)에 의한 공격을 받은 것입니다. 그러나 대부분의 사람들이 사단이 틈탄 상태를 모른 채 방치해버림으로 사단이나 귀신이 자기의 생각 속에 들어와 살도록 허용하고 있습니다. 그럴 때는 빨리 스스로 예수의 이름으로 축사하고 또 잘못된 것들을 회개해야 더러운 귀신들이 떠나갑니다. 그러나 귀신이 들어가서 잠복된 상태일 때는 본인의 생각이나 정신에 자리 잡게 되어 귀신의 생각을 자신의 생각으로 착각하고 행동하게 됩니다.

"육체의 일은 분명하니 곧 음행과 더러운 것과 호색과 우상 숭배와 주술과 원수 맺는 것과 분쟁과 시기와 분냄과 당 짓는 것과 분열함과 이단과 투기와 술 취함과 방탕함과 또 그와 같은 것들이라 전에 너희에게 경계한 것같이 경계하노니 이런 일을 하는 자들은 하나님의 나라를 유업으로 받지 못할 것이요"(갈 5:19~21).

또 스스로 끊기 힘든 중독성 습관이나 성품들, 잘못된 줄 알면서도 고치지 못하는 것은 이미 귀신들이 잠복하고 있는 것이므로 하나님 앞에 철저히 회개하고 주님께 나아가야 합니다. 그리고 믿음으로 살아야 합니다.

그러나 귀신이 침입하여 오래된 사람이라면 한 번에 쫓으려 하지 말고 귀신들이 싫어하는 것(기도, 찬송, 예배, 봉사) 즉 신앙생활을 열심히 하다 보면 사단의 세력이 점점 약해져서 빠져나가기도 합니다. 또 때로는 누군가의 안수와 기도를 통해서 나가기도 합니다. 하지만 강제적인 축사는 본인의 적극적인 의지와 노력이 없다면 다시 침입하게 됩니다.

> "더러운 귀신이 사람에게서 나갔을 때에 물 없는 곳으로 다니며 쉬기를 구하되 쉴 곳을 얻지 못하고 이에 이르되 내가 나온 내 집으로 돌아가리라 하고 와 보니 그 집이 비고 청소되고 수리되었거늘 이에 가서 저보다 더 악한 귀신 일곱을 데리고 들어가서 거하니 그 사람의 나중 형편이 전보다 더욱 심하게 되느니라 이 악한 세대가 또한 이렇게 되리라"(마 12:43~45).

오직 경건의 연습과 기도 생활을 할 때 사단은 다시 들어오지 못하게 됩니다. 만약 여러분 중에 짜증과 혈기, 불평이 계속되는 분이 있다면 이미 잠복당한 상태이고 일시적인 것이라면 공격당한 상태이므로 즉시 예수 그리스도의 이름으로 물리치시기를 바랍니다. 또 양신 역사라는 것이 있습니다. 한 사람 안에서 성령이 역사하기도 하고 악령(사단)이 역사하기도 하는 상태를 말하는 것입니다. 외적인 모습은 그리스도인으로 열심히 하나님을 섬기는 것처럼 보이지만 이미 잠복된 사단이나 귀신들의 여러 가지 능력들을 본인이나 다른 사람들이 성령의 은사로 보고 속고 있는 경우입니다. 즉 성령이 역사할 때는 악한 영(악령)의 활동이 중지되고 정상적인 인격으로 하나님을 섬기는 신앙생활을 하지만 사단(악령)이 역사할 때는 그 사람의 정상적인 이성이나 감정 등이 비정상(비인격)적인 생활을 하며 다른 사람에게 상처를 주곤 합니다.

사단은 인격이 없습니다. 그리고 주님의 사랑과 긍휼, 용서와 이해가 없습니다. 자기중심적이며 이기적이며 교만하고 세상적입니다. 하나님의 성령을 빙자한 사단의 능력이 광명한 천사로 가장한 악령의 역사입니다.

"이것은 이상한 일이 아니니라 사탄도 자기를 광명의 천사로 가장하나니 그러므로 사탄의 일꾼들도 자기를 의의 일꾼으로 가장하는 것이 또한 대단한 일이 아니니라 그들의 마지막은 그 행위대로 되리라"(고후 11:14~15).

그래서 영을 분별하는 것이 굉장히 중요한 것입니다. 그러나 자세히 보면 그 사람의 말과 행동, 인격에서 나타나기도 합니다.

"그의 열매로 그들을 알지니 가시나무에서 포도를, 또는 엉겅퀴에서 무화과를 따겠느냐"(마 7:16).

"이러므로 그들의 열매로 그들을 알리라"(마 7:20).

"오직 성령의 열매는 사랑과 희락과 화평과 오래 참음과 자비와 양성과 충성과 온유와 절제니 이 같은 것을 금지할 법이 없느니라"(갈 5:22~23).

"사랑하는 자들아 영을 다 믿지 말고 오직 영들이 하나님께 속하였나 분별하라 많은 거짓 선지자가 세상에 나왔음이라"(요일 4:1).

"누구든지 하나님을 사랑하노라 하고 그 형제를 미워하면 이는 거짓말하는 자니 보는 바 그 형제를 사랑하지 아니하는 자는 보지 못하는 바 하나님을 사랑할 수 없느니라"(요일 4:20).

02
귀신과 사탄의 특성

그 나라마다 붙잡고 있는 영들이 있습니다. 또 그 지역을 붙잡고 있는 영들이 있습니다. 마닐라 순복음교회가 세워질 때 현지 선교사님과 노정남 집사 등 몇 사람과 함께 기도한 적이 있는데 그때 자유의 여신상 같은 큰 여신상의 목이 떨어져 나가는 환상을 보았습니다. 며칠 후 한 지역을 지나다 보니 실제로 그 여신상이 세워져 있는 것을 보았습니다. 지금 그 교회는 주님의 은혜 가운데 세워져가고 있습니다.

"이에 물으시되 네 이름이 무엇이냐 이르되 내 이름은 군대니 우리가 많음이니이다 하고"(막 5:9).

"힘찬 음성으로 외쳐 이르되 무너졌도다 무너졌도다 큰 성 바벨론이여 귀신의 처소와 각종 더러운 영이 모이는 곳과 각종 더럽고 가증한 새들이 모이는 곳이 되었도다"(계 18:2).

"그러므로 하늘과 그 가운데 거하는 자들은 즐거워하라 그러나 땅과 바다는 화있을진저 이는 마귀가 자기의 때가 얼마 남지 않은 줄을 알므로 크게 분내어 너희에게 내려갔음이라 하더라"(계 12:12).

참으로 얼마나 많은 귀신들과 사단과 악한 영들이 있는지 모릅니다.

종교의 영, 슬픔의 영, 우울의 영, 폭력의 영, 분노의 영, 혈기의 영, 이혼의 영, 음란의 영, 자살의 영, 거짓의 영, 참소의 영, 험담의 영, 게으름의 영, 잠마귀, 술마귀, 완고의 영, 교만의 영, 낙심의 영, 피로의 영, 가난의 영, 죽음의 영, 분쟁의 영, 우상의 영, 비판의 영, 원망, 시기, 질투, 미혹, 짜증, 욕심, 두려움, 비통, 채무의 영 등 이루 말할 수 없는 영들이 사람들을 공격하지만 조심해야 할 부분은 무조건 귀신, 사단의 역사로 몰아가시면 안 됩니다. 그리고 사단이나 귀신에게 일시적인 공격을 당했을 때 예수 이름으로 즉시 쫓아내시면 됩니다.

여기서 우리가 분별해야 할 부분들은 그것이 계속적으로 공격해 나 자신이 통제가 안 될 때는(본인이 알면서도) 이미 잠복한 상태이므로 계속적인 축사와 기도를 하면서 주변에 있는 기도하시는 분에게 도움을 요청하시기 바랍니다(방패 기도). 사단의 공격을 막아주는 기도의 중보자가 있어야 합니다.

※ 잠마귀, 게으른 영에게 붙들리면 생활이 안 될 정도로 잠을 잡니다. 심지어 예배시간, 기도하는 그 시간에도 졸면서 잡니다.

"게으른 자여 개미에게로 가서 그가 하는 것을 보고 지혜를 얻으라"(잠 6:6).

※ 험담의 영도 있습니다.

"두루 다니며 한담하는 자는 남의 비밀을 누설하나 마음이 신실한 자는 그런 것을 숨기느니라"(잠 11:13).

"두루 다니며 한담하는 자는 남의 비밀을 누설하나니 입술을 벌린 자를 사귀지 말지니라"(잠 20:19).

육체적인 노동과 일로 인해 병이 나기도 하고 피로가 누적될 수도 있으므로 무조건 귀신의 역사라고 판단하지 말고 잘 분별해야 하며 필요하면 약도 기도하면서 사용하여 치료받기도 해야 합니다. 무조건 기도만 해서도 안 되며 지혜롭게 분별해야 할 것입니다. 그러나 분노의 영과 혈기의 영, 폭력의 영들은 공격성이 매우 강합니다(분노 조절 장애라고도 합니다). 또 우울의 영, 슬픔의 영, 자살의 영 등은 죽음의 영들과 밀접하며 시기와 교만, 비판의 영들은 험담의 영으로 이어지기도 합니다. 그래서 다른 사람들을 비판하고 판단합니다. 특히 우상의 영(하나님보다 더 사랑하는 것들)은 자녀, 스포츠, 개(짐승), 돈, 명예, 도박, 게임에 자신도 모르게 빠져들어 있는데 정작 본인은 깨닫지 못합니다. 또한 가난의 영, 폭력의 영, 이혼의 영, 음란의 영들은 안타깝게도 대물림이 되곤 합니다. 그런데 그중에서 제일 끊기가 힘든 영이 가난의 영입니다. 제가 아는 분은 장로님이시고, 3대째 믿는 집안임에도 불구하고 하는 일마다 안 됩니다. 그 아들들 역시 직장에 가도 월급이 안 나오고 때로는 직장이 망하기도 합니다. 이 가난의 영을 끊기 위해서는 끊임없는 기도로서 꽉 막힌 통로를 뚫기 위해 (대부분이 온전한 십일조 생활을 못합니다) 몸부림치는 대가를 치러야 합니다(영적 전쟁, 축사).

"사람이 어찌 하나님의 것을 도둑질하겠느냐 그러나 너희는 나의 것을 도둑질하고도 말하기를 우리가 어떻게 주의 것을 도둑질하였나이까 하는도다 이는 곧 십일조와 봉헌물이라"(말 3:8).

"너희가 많이 뿌릴지라도 수확이 적으며 먹을지라도 배부르지 못하며 마실지라도 흡족하지 못하며 입어도 따뜻하지 못하며 일꾼이 삯을 받아도 그것을 구멍 뚫어진 전대에 넣음이 되느니라"(학 1:6).

이 가난의 영들은 자기의 육신의 것에는 아끼지 않고 쓰는데 하나님 앞에 드리는 것에는 매우 인색한 마음, 아까운 마음을 주어 하나님께 드리지 못하게 합니다.

"이것이 곧 적게 심는 자는 적게 거두고 많이 심는 자는 많이 거둔다 하는 말이로 다 각각 그 마음에 정한 대로 할 것이요 인색함으로나 억지로 하지 말지니 하나님 은 즐겨 내는 자를 사랑하시느니라"(고후 9:6~7).

하나님은 어려운 중에서도 주님의 것을 구별하여 드릴 줄 아는 자들 을 축복하시되 그 자녀들까지 대를 이어서 복을 주십니다. 그런데 가난 마귀는 결심을 하고 하나님께 믿음으로 드리며 살아가기를 다짐하는 순간 공격을 합니다. 그 이유는 지금까지 자기의 종이었으므로 주님께 내어드리기 싫은 것입니다. 주님이 가난하게 오심은 당신의 자녀들을 부 요하게 하시기 위함입니다. 그러므로 가난의 영을 끊기 위해서는 이를 악물고 더 기도하며 주님께 드릴 때 비로소 끊어질 수가 있습니다. 그런 데 마귀는 어떻게든 모든 방법을 동원해서 차단하고 상황을 악화시킴으 로 결국은 주저앉게 만들고 자기의 종을 만들어서 가난 속에서 주님의 예비하신 축복을 누리지 못하게 합니다. 그래서 가난의 영을 끊기가 가 장 힘든 것입니다.

축사할 때 귀신들은 상대방(축사자)을 잘 압니다.

"악귀가 대답하여 이르되 내가 예수도 알고 바울도 알거니와 너희는 누구냐 하며 악귀 들린 사람이 그들에게 뛰어올라 눌러 이기니 그들이 상하여 벗은 몸으로 그 집에서 도망하는지라"(행 19:15~16).

"또 예수께서 건너편 가다라 지방에 가시매 귀신 들린 자 둘이 무덤 사이에서 나와 예수를 만나니 그들은 몹시 사나워 아무도 그 길로 지나갈 수 없을 지경이더라 이 에 그들이 소리 질러 이르되 하나님의 아들이여 우리가 당신과 무슨 상관이 있나 이까 때가 이르기 전에 우리를 괴롭게 하려고 여기 오셨나이까 하더니"(마

8:28~29).

"마침 그들의 회당에 더러운 귀신 들린 사람이 있어 소리 질러 이르되 나사렛 예수여 우리가 당신과 무슨 상관이 있나이까 우리를 멸하러 왔나이까 나는 당신이 누구인 줄 아노니 하나님의 거룩한 자니이다"(막 1:23~24).

귀신들은 상대방이 누군지 이미 압니다. 2013년 마닐라 순복음교회에서의 일입니다. 제가 집회를 인도할 때 3대째 모태신앙인 한 자매가 제 앞으로 지나가면서 "나는 당신이 너무 싫어. 너무 무서워 왜 나를 괴롭히려고 하느냐"면서 앞으로 고꾸라졌습니다. 그리고 얼마 후 저의 축사를 통해서 귀신이 나가는 것을 보았습니다. 그런데 선교사님이 얼른 가라고 하니까 얼굴을 쳐들고 비웃는 것입니다. 이렇게 이 귀신들은 상대방이 자기보다 약하면 비웃고 안 갑니다. 그래서 많은 기도가 필요한 것이며 전적으로 주님의 일하심이 필요합니다.

때로는 아프다고 엄살을 부리기도 하고 도망가려고도 하고 나간다고 거짓말을 하며 위장하므로 잘 분별하여야 합니다. 때로는 몸 이곳저곳으로 숨고 도망 다니기도 합니다. 반대로 공격을 하는 경우도 있습니다. 그럴 경우 소름이 오싹 끼치거나 두려움이 오기도 합니다. 때로는 도망갈 때 축사 현장 옆에 있는 약한 사람에게 들어가는 경우도 있는데 그럴 때는 믿음이 약한 사람은 다른 곳으로 보내야 합니다. 안수할 때 손이 저려오고, 머리가 아프고, 지독한 냄새를 풍기기도 하며 구토가 나고 토하기도 하며 가슴이 답답해지기도 합니다. 특히 기도할 때 팔이 저려오는 경우에는 얼른 손을 떼고 기도해야 합니다. 나를 공격해서 공격이 들어온 상태이므로 반드시 기도해서 털어버려야 합니다. 이때 귀신이 나갈 때는 대부분 쓰러뜨리고 나갑니다.

"예수께서 꾸짖어 이르시되 잠잠하고 그 사람에게서 나오라 하시니 귀신이 그 사람을 무리 중에 넘어뜨리고 나오되 그 사람은 상하지 아니한지라"(눅 4:35).

그러나 넘어지면서 어딘가를 의지하며 넘어지는 것은 속이는 것입니다. 귀신이 나갈 때 악을 쓰며 소리를 지르거나 넋두리를 하기도 하고 동물처럼 울부짖기도 하며 심한 악취를 풍기기도 합니다. 또 가래를 뱉어내고 토하기도 하며 몸을 뒤틀고 발작을 하기도 하며 심한 경우 죽은 것처럼 혼수상태에 빠져 있다가 깨어나기도 합니다.

"예수께서 무리가 달려와 모이는 것을 보시고 그 더러운 귀신을 꾸짖어 이르시되 말 못하고 못 듣는 귀신아 내가 네게 명하노니 그 아이에게서 나오고 다시 들어가지 말라 하시매 귀신이 소리 지르며 아이로 심히 경련을 일으키게 하고 나가니 그 아이가 죽은 것 같이 되어 많은 사람이 말하기를 죽었다 하나 예수께서 그 손을 잡아 일으키시니 이에 일어서니라"(막 9:25~27).

"이에 데리고 오니 귀신이 예수를 보고 곧 그 아이로 심히 경련을 일으키게 하는지라 그가 땅에 엎드러져 구르며 거품을 흘리더라"(막 9:20).

또 오랜 기간 잠복하여 집을 지은 상태에서는 금방 쉽게 축사가 안 됩니다. 그래서 지속적인 기도와 본인의 의지가 매우 중요합니다. 그러나 이 모든 것들은 성령님께서 하시는 것일 뿐 결코 내가 하는 것이 아니므로 철저히 주님의 음성에 귀를 기울이며 사역을 해야 합니다. 그래야 주님의 일하심을 확실히 볼 수가 있습니다. 특별히 집회를 하는 상황에서는 강한 것들이 나갈 때 주변에 있는 사람들 속에 있던 귀신들이 자기 스스로 도망가는 경우도 종종 보게 됩니다. 어찌됐던 우리 모두는 주님의 통로요 도구요 주님의 부르심에 쓰임 받는 일꾼들일 뿐입니다.

"만물의 마지막이 가까웠으니 그러므로 너희는 정신을 차리고 근신하여 기도하라"(벧전 4:7).

이제 마지막 때로 주님께서 오실 날도 머지않았습니다. 그러므로 악한 원수 마귀는 우는 사자와 같이 삼킬 자를 찾아다닙니다. 천국의 비밀이신 주님이 새 언약의 중보자로 오셔서 십자가에서 죽으시고 부활 승천하시어 성령으로 우리 안에 오셔서 나를 성전 삼고 살고 계십니다. 주님과 함께 날마다 승리하는 삶을 살아가야 할 것입니다. 마귀는 속이는 자이며 우리를 멸망시키러 왔습니다. 더 이상 마귀에게 속지 마시고 주님 안에서 날마다 구원을 누리며 안식하시는 삶을 살아가시길 바랍니다.

내 안에서 나를 성전 삼고 나를 통해서 사시는 주님을 바라보면 모든 악한 영으로부터 이길 수 있습니다. 순간순간 나의 연약한 영혼을 공격하는 사단을 단호하게 물리치시기 바랍니다. 예수님은 보이지 않는 영의 세계를 드러내셨습니다. 귀신을 쫓으시며 병을 고치시고 말 못하는 자를 치료하시면서 원인이 육신의 눈으로 보이지 않는 귀신의 현상이었음을 보여주십니다. 그것은 우리의 육신의 눈으로 볼 수 없는 영의 세계를 말씀하고 계시는 것입니다. 아담과 하와가 범죄한 것도 육신의 눈으로 볼 수 없는 마귀(사단)가 육신의 눈으로 보이는 뱀이라는 물체를 통해서 역사한 것입니다.

"뱀이 그 간계로 하와를 미혹한 것같이 너희 마음이 그리스도를 향하는 진실함과 깨끗함에서 떠나 부패할까 두려워하노라"(고후 11:3).

"큰 용이 내쫓기니 옛 뱀 곧 마귀라고도 하고 사탄이라고도 하며 온 천하를 꾀는 자라 그가 땅으로 내어 쫓기니 그의 사자들도 그와 함께 내쫓기니라"(계 12:9).

그러므로 우리의 삶을 통하여 나타나는 저주, 병, 가난, 환난 등은 우리의 눈에 보이는 혈과 육의 싸움이 아니라 우리가 육신의 눈으로 볼 수 없는 마귀와의 싸움이라고 성경은 말합니다.

"우리의 씨름은 혈과 육을 상대하는 것이 아니요 통치자들과 권세들과 이 어둠의 세상 주관자들과 하늘에 있는 악의 영들을 상대함이라"(엡 6:12).

이렇듯 마귀와 사탄은 끊임없이 모든 문제의 배후에서 우리를 공격해 옵니다. 그러므로 영적인 분별력이 참으로 중요합니다. 다시 반복하지만 무조건적인 사탄 마귀의 공격이라고 단정하지 말고 상황을 분별할 수 있는 지혜가 필요합니다. 그것을 알고 또 피할 수 있기 위해서는 주님 안으로 들어가서 기도하고, 또 내 안에 계신 주님께 그 문제를 내려놓고 기도해야 합니다. 그때 비로소 사탄의 공격을 깨닫고 승리할 수 있습니다. 주님은 마귀의 권세를 깨뜨리시고 하늘과 땅의 모든 권세를 가지신 분이십니다.

"예수께서 나아와 말씀하여 이르시되 하늘과 땅의 모든 권세를 내게 주셨으니"(마 28:18).

"이는 하나님의 영광의 광채시요 그 본체의 형상이시라 그의 능력의 말씀으로 만물을 붙드시며 죄를 정결하게 하는 일을 하시고 높은 곳에 계신 지극히 크신 이의 우편에 앉으셨느니라"(히 1:3).

"오직 그리스도는 죄를 위하여 한 영원한 제사를 드리시고 하나님 우편에 앉으사"(히 10:12).

여기에서 오른편이란 장소적인 의미가 아니라 신분을 나타내는 하나님의 권능의 자리를 의미하며, 또 육신의 눈으로 보이는 세계나 육신의 눈으로는 볼 수 없는 세계의 모든 권세가 예수님의 것임을 선포하시는 것입니다. 마치 대통령의 자리가 청와대에 있지만 그가 어디를 가든지 그 권세는 함께하는 것과 같은 이치입니다. 그러므로 우리는 날마다 내 안에 계신 주님의 권세, 예수의 이름으로 마귀를 대적하고 물리쳐야 할 것입니다. "사단아 더러운 귀신들아 예수의 이름으로 명령하노니 내게서 떠날지어다"라고 강력하고 단호하게 대적하여야 합니다. 이 땅에서 살아가는 동안 보이지 않는 영의 세계 안에서 순간마다 깨닫고 마귀를 대적하며 주님과 함께 승리하며 살아가시길 바랍니다. 주님 안에서 살 때 승리할 수 있습니다. 주님만이 우리의 승리가 되시며 힘이 되시며 소망이 되십니다. 그 주님과 함께 날마다 걸어간다면 당신은 승리자가 될 것이며 주님과 함께 축복된 삶을 살아갈 것입니다.

주님은 아무도 시험하시지 않습니다. 내가 주님 안에서 나태해지고 게을러질 때 사탄은 육신의 통로를 통해서 들어올 수 있습니다.

"나의 의인은 믿음으로 말미암아 살리라 또한 뒤로 물러가면 내 마음이 그를 기뻐 하지 아니하리라 하셨느니라"(히 10:38).

"그들에게 자유를 준다 하여도 자신들은 멸망의 종들이니 누구든지 진 자는 이긴 자의 종이 됨이니라"(벧후 2:19).

사단에게 이기는 축복된 하나님의 사람이 되십시오.

"무릇 하나님께로부터 난 자마다 세상을 이기느니라 세상을 이기는 승리는 이것 이니 우리의 믿음이니라"(요일 5:4).

03
성령의 충만함을 받고 승리하려면

성령의 충만함을 받고 승리하기 위해서는 먼저 하나님의 말씀과 기도로 무장해야 합니다.

"만물의 마지막이 가까이 왔으니 그러므로 너희는 정신을 차리고 근신하여 기도하라"(벧전 4:7).

"우리가 이것을 말하거니와 사람의 지혜의 가르친 말로 아니하고 오직 성령께서 가르치신 것으로 하나 영적인 일은 영적인 것으로 분별하느니라"(고전 2:13).

둘째로는 간절한 마음과 소원을 갖고 기도해야 합니다.

"제자들을 찾아 거기서 이레를 머물더니 그 제자들이 성령의 감동으로 바울더러 예루살렘에 들어가지 말라 하더라"(행 21:4).

셋째로는 성령의 감동에 민감해져야 합니다. 여러분들이 성령에 충만함을 받고 승리하려면 주님과의 대화 시간(기도)에 소홀히 하면 안 됩니다. 너무 바쁘면 생활 속의 기도를 통해서라도 주님과의 관계에서 멀어지지 않도록 조심해야 합니다. 특히 목회자들은 영성을 잃지 않도록 조심하며 영성 있는 동역자들과의 교제와 만남, 또 기도를 통해 영성을 유지해나가야 합니다. 그리고 사탄의 정체를 알아야 하며 마귀를 두려워하지 말아야 합니다.

> "너희는 믿음을 굳건하게 하여 그를 대적하라 이는 세상에 있는 너희 형제들도 동
> 일한 고난을 당하는 줄을 앎이라"(벧전 5:9).

하나님의 자녀는 하나님의 생명으로 거듭난 자들이므로 마귀와 사탄을 두려워해야 할 이유가 없습니다. 주님이 이 땅에 오셔서 모든 것이 끝났기 때문에 마귀는 불법자일 뿐입니다. 마귀의 권세는 이미 끝난 것입니다. 하나님의 생명과 믿음으로 사는 자는 하나님의 의가 나타나서 하나님의 영광과 일하심을 보고 누리며 살아가는 것이기에 하나님의 의로 살아가는 성도 앞에 마귀는 더 이상 있을 곳이 없는 것입니다. 마귀는 인간적인 방법과 자기의 모든 것들을 동원하지만 그리스도 안에 있는 하나님의 사람들에게는 결국 패할 수밖에 없습니다. 그러므로 사탄의 도구가 된 사람들로 인하여 고통스러워할 이유도 없고 두려워할 필요도 없습니다. 그리스도 안에서의 승리는 자기 자신의 권리를 포기하고 주님께 나를 내어드리며 믿음으로 살 때 비로소 얻어지게 됩니다.

마귀는 인간의 육신에 들어와서 그 사람을 통해 끊임없이 하나님의 사람들을 공격합니다. 이스마엘이 이삭을 희롱하듯이 때로는 어떠한 장소를 통해서(사고가 난 지역이 계속 사고가 나듯이) 그 지역과 또 나라를 통해서 역사하기도 합니다. 제가 오래 전 어느 나라를 갔을 때 특정 장소에서 극심한 고통과 구토를 경험한 적이 있는데 그 지역이 오래 전 사람을 죽여서 제물로 드렸던 장소였습니다. 이렇듯 그 지역과 나라, 어느 장소, 공간 등을 통하여서도 사탄은 끊임없이 인간들을 괴롭힙니다. 그러므로 무엇보다도 영적인 예리한 분별력을 가져야 하며 말씀과 기도로 무장된 영적인 전사가 되어야 할 것입니다. 또한 하나님의 전신갑주

를 입고 성령 안에서 늘 깨어 있어야 합니다(엡 6:10~18).

제가 해외 선교 등을 통하여 지역에 교회를 세워나갈 때마다 엄청난 영적인 전투가 벌어지곤 하였습니다. 그 결과 주님의 승리로서 세계 곳곳에 교회가 세워져서 지금까지도 주님의 은혜 가운데서 사역을 하고 있음을 볼 수가 있습니다.

그래서 영성 있는 사람을 만난다는 것이 큰 축복인 것입니다. 또한 성령으로 거듭난 하나님의 사람들은 하나님과의 개인적인 만남도 늘 가져야 합니다. 우리 모두는 좋은 믿음의 동역자들을 만나기를 기도해야 할 것입니다. 만약 만났다면 당신은 축복의 사람인 것입니다. 특별히 목회자들 중에 주님의 일이 아닌 자기 일에 바쁜 사람이 있다면 그 사람은 제자의 자격이 없다고 성경은 말합니다(눅 14:25~35). 주님께서 생명을 위한 그 부르심에 배우자, 형제, 자매, 심지어 자녀까지도 방해가 된다면 인정을 포기하고 주님께 맡기고 그 부르심에 따라가야 할 것입니다(마 19:29).

"병사로 다니는 자는 자기 생활에 얽매이는 자가 하나도 없나니 이는 군사로 모집한 자를 기쁘게 하려 함이라"(딤후 2:3~4).

자신이 그리스도의 종이요 제자라면 무엇을 먼저 해야 하며 따라야 할 것인가를 선택해야 합니다.

제가 과거 주님의 일 때문에 자녀들을 버려두고 주님을 따랐을 때마다 주님께서 은혜를 베푸셨던 것을 기억합니다. 주님은 때때로 우리를 아브라함처럼(창 22:1~14) 우리의 믿음을 달아보시는 분이심을 알아야 할 것입니다.

"또 네가 많은 증인 앞에서 내게 들은 바를 충성된 사람들에게 부탁하라 그들이 또 다른 사람들을 가르칠 수 있으리라 너는 그리스도 예수의 좋은 병사로 나와 함께 고난을 받으라"(딤후 2:2~3).

이렇듯 주님께 대한 간절한 소원과 열정에 대한 응답으로 주님께서는 갖가지 좋은 것(은사)들을 주십니다. 또한 하나님의 살아 계심과 그를 찾는 자들에게 상 주시는 것을 믿고 힘써 기도에 자신을 드리고 헌신할 때 갖가지 영적 체험은 물론 계시적인 은혜가 뒤따를 것입니다. 그러므로 믿음으로 살기 위해서는 대가를 지불해야만 합니다. 곧 자기 육신의 모든 것을 포기하고 자기 권리를 내려놓지 않고는 주님께서 우리에게 맡기신 일에 순종할 수가 없습니다. 때론 새 언약의 일꾼으로 살아가지만 때로는 선택하고 결단해야 하는 문제를 만납니다. 주님은 우리에게 자유의지를 주셨고 그것을 통해 우리의 믿음을 보십니다.

"믿음이 없이는 하나님을 기쁘시게 못하나니 하나님께 나아가는 자는 반드시 그가 계신 것과 또한 자기를 찾는 자들에게 상 주시는 이심을 믿어야 할지니라"(히 11:6).

이렇듯 믿음의 선택과 결단, 헌신은 많은 열매를 맺으며, 주님께서도 참으로 귀히 여기십니다. 그러므로 더욱 기도에 힘써야 할 것이며 기도할 때 뜨겁게 주님을 사랑하며 기도하시기를 바랍니다. 뜨겁게 기도할 때 강력하게 성령이 임하며 나타나는 현상들에 온몸에 떨림과 진동이 오기도 하며 때로는 은사가 오기도 합니다.

※기도에는 몇 가지의 종류가 있습니다.
- **능력의 기도**: 마귀, 악한 영들, 귀신을 쫓고 결박하는 기도(축사)입니다.

"집에 들어가시매 제자들이 조용히 묻자오되 우리는 어찌하여 능히 그 귀신을 쫓아내지 못하였나이까 이르시되 기도 외에 다른 것으로는 이런 종류가 나갈 수 없느니라 하시니라"(막 9:28~29).

• **예언적인 중보 기도:** 성령께서 말씀하시는 대로 그 사람의 환경, 상황, 어려움 등을 위해서 기도하게 하시며 이것을 대언적 중보기도라고 합니다.

"내가 속한 바 곧 내가 섬기는 하나님의 사자가 어제 밤에 내 곁에 서서 말하되 바울아 두려워하지 말라 네가 가이사 앞에 서야 하겠고 또 하나님께서 너와 함께 항해하는 자를 다 네게 주셨다 하였으니 그러므로 여러분이여 안심하라 나는 내게 말씀하신 그대로 되리라고 하나님을 믿노라 그런즉 우리가 반드시 한 섬에 걸리리라 하더라"(행 27:23~26).

• **지혜의 말씀을 통한 기도:** 앞으로 닥칠 일에 대해서 미리 알게 하시고 기도하게 하셔서 문제를 사전에 방지하고 막게 하십니다. 때로는 개인 한 사람뿐 아니라 나라의 문제까지 미리 알게 하시고 기도하게 하십니다.

"말하되 여러분이여 내가 보니 이번 항해가 하물과 배만 아니라 우리 생명에도 타격과 많은 손해를 끼치리라 하되 백부장이 선장과 선주의 말을 바울의 말보다 더 믿더라"(행 27:10~11).

이런 모든 은혜들은 세미나, 제자훈련 등 어떤 프로그램을 통해서 이루어지는 것이 아닌 자신을 온전히 주님께 드리며 기도에 힘쓸 때 주님께서 주시는 것입니다.

때로는 정말 간절한 마음과 소망으로 기도할 때 영적인 능력이 있는 사람의 안수를 통해서 전의되기도 합니다.

> "그러므로 내가 나의 안수함으로 네 속에 있는 하나님의 은사를 다시 불 일 듯하게
> 하기 위하여 너로 생각하게 하노니"(딤후 1:6).

• **묵상기도**: 기도줄이 잡혔을 때 주님과의 친밀함을 이루는 깊은 기도이며 이 기도를 통해서 주님의 음성이 들려오고 또 깨달음을 주시기도 합니다.

• **금식기도**: 신랑이신 예수님을 잃어버렸을 때, 즉 예수님에 대한 사랑이 식어졌을 때 신랑 되신 예수님을 다시 만나기 위해서 하는 것이 금식입니다. 그러나 많은 사람들이 잘못된 인식으로 인해 자기의 어떤 목적을 이루기 위한 수단으로 금식을 하는 경우가 많습니다. 신랑 되신 예수님이 내 안에 살고 계심을 믿고 살 때 주님이 그 모든 일들을 해결하십니다. 그래서 주님에 대한 사랑이 식었다면 금식해서 주님의 사랑을 다시 회복해야 합니다.

> "그들이 예수께 말하되 요한의 제자는 자주 금식하며 기도하고 바리새인의 제자
> 들도 또한 그리하되 당신의 제자들은 먹고 마시나이다 예수께서 저희에게 이르시
> 되 혼인집 손님들이 신랑과 함께 있을 때에 너희가 그 손님으로 금식하게 할 수 있
> 느냐 그러나 그 날에 이르러 그들이 신랑을 빼앗기리니 그 날에는 금식할 것이니
> 라"(눅 5:33~35).

저 역시 산기도(삼각산, 청평강남금식기도원 뒷산), 40일 금식기도, 철야기도 등 거의 일년 내내 강대상에서 잠을 잤습니다. 한여름에 단식기도와 금식기도를 참으로 많이 했습니다. 오죽하면 저의 두 딸이 엄마의 지난날의 모습을 생각하면 금식기도한 것밖에는 생각이 안 난다고 하더군요(결과는 위가 약해서 위장약을 달고 삽니다).

여러분들은 금식에 대해서 좀 더 자유로워지셨으면 좋겠습니다.

• **철야기도**: 제 한평생의 삶이 철야기도였습니다. 강대상이 저의 침상이었으며, 그것이 습관이 되어서 지금도 밤이면 잠을 못 자서 고통입니다. 나이가 있으니 체력이 안 따라주기 때문입니다. 할 수만 있다면 금식기도보다는 철야기도를 권하고 싶습니다. 철야기도는 조용한 가운데서 깊은 기도를 할 수가 있으며 더욱 주님과 하나 되며 주님의 응답과 믿음으로 충만해집니다.

• **산기도**: 젊은 나이에 강남금식기도원 산 속에서, 삼각산에서, 1987년 경기도 모처에 교회를 개척할 당시에 그 지역 산에 올라가서 얼마나 부르짖고 애통하며 기도했는지 모릅니다.

이 산기도는 사탄의 세력을 물리칠 수 있는 능력의 기도이며, 때로는 영계가 열리기도 합니다. 그러나 자칫 잘못하면 사탄의 공격을 받아서 영이 잘못될 수도 있기에 영적인 지도자 없이 산기도를 하다 보면 사탄의 공격에 의해서 교만해지고 또 자신이 마귀의 공격에 의해 농락당하고 있는지조차도 모르게 됩니다.

"그는 교만하여 아무것도 알지 못하고 변론과 언쟁을 좋아하는 자니 이로써 투기와 분쟁과 비방과 악한 생각이 나며"(딤전 6:4).

그래서 거짓 예언으로 기도해준다며 다른 사람에게 상처를 주고 자신이 경험한 모든 것이 하나님이 주신 것처럼 착각을 하기도 합니다. 산기도를 하는 이유와 목적은 주님의 나라에 온전히 나를 드리며 헌신할 수 있도록 내 심령에 뜨거운 마음을 일깨우기 위한 것입니다. 그리고 어리석었던 것들을 회개하기 위해 성령의 세밀함과 가르치심 그리고 인도함을 받으며 내 안에 나를 성전 삼고 사시는 그리스도의 믿음으로 살기 위해서입니다. 정말 산기도를 성령의 인도하심과 이끌림으로 한다면 그 사람을 통해서 주님의 사랑을 볼 수 있는 아름다움이 나타나게 될 것입니다. 주님의 모든 것은 사랑이기 때문입니다.

축사도 병고침도 예언도 모두가 주님의 사랑이며 한 영혼이라도 주님 앞에 온전하게 세우기 위한 주님의 사랑인 것입니다.

"그런즉 믿음, 소망, 사랑, 이 세 가지는 항상 있을 것인데 그 중의 제일은 사랑이라"(고전 13:13).

만약 내 안에서 나를 통한 성령님의 일하심이 아무리 크다 할지라도 교만하거나 자랑할 것이 아니라 모두가 주님의 은혜임을 기억하여야 할 것입니다.

"그러나 내가 모든 사도보다 더 많이 수고하였으나 내가 한 것이 아니요 오직 나와 함께 하신 하나님의 은혜로라"(고전 15:10).

성령을 쫓아 행하고 인도하심을 따르며 살아가야만 주님의 일하심이 내 안에서 지속적으로 이루어집니다. 자기를 부인하고 날마다 주님 안에서 꾸준한(지속적인) 경건의 연습과 온전한 성령의 지배를 받도록 항상 기도에 힘쓰며 성령 안에서 기도하는 습관을 가져야 합니다.

"큰 집에는 금그 릇과 은 그릇뿐 아니라 나무 그릇과 질그릇도 있어 귀하게 쓰는 것도 있고 천하게 쓰는 것도 있나니 그러므로 누구든지 이런 것에서 자기를 깨끗하게 하면 귀히 쓰는 그릇이 되어 거룩하고 주인의 쓰심에 합당하며 모든 선한 일에 준비함이 되리라"(딤후 2:20~21).

따라서 성령의 감동에 민감하게 반응하며 철저히 순종해야 합니다. 때로는 육신적인 손해가 오고 위기가 온다 하여도 성령에 의한 순종은 반드시 주님의 영광의 일하심이 뒤따르기 때문입니다.

"사람이 마땅히 우리를 그리스도의 일꾼이요 하나님의 비밀을 맡은 자로 여길지어다 그리고 맡은 자들에게 구할 것은 충성이니라"(고전 4:1~2).

"또 누구든지 하나님을 사랑하면 그 사람은 하나님도 알아주시느니라"(고전 8:3.)

"그런즉 선 줄로 생각하는 자는 넘어질까 조심하라"(고전 10:12).

"나와 같이 모든 일에 모든 사람을 기쁘게 하여 자신의 유익을 구하지 아니하고 많은 사람의 유익을 구하여 그들로 구원을 받게 하라"(고전 10:33).

04
성령에 의해 나타나는 현상들

"하나님이 말씀하시기를 말세에 내가 내 영을 모든 육체에게 부어 주리니 너희의
자녀들은 예언할 것이요 너희의 젊은이들은 환상을 보고 너희의 늙은이들은 꿈을
꾸리라 그 때에 내가 내 영을 내 남종과 여종들에게 부어 주리니 그들이 예언할 것
이요"(행 2:17~18).

"또 사역은 여러 가지나 모든 것을 모든 사람 가운데서 이루시는 하나님은 같으니
각 사람에게 성령을 나타내심은 유익하게 하려 하심이라"(고전 12:6~7).

"믿는 자들에게는 이런 표적이 따르리니 곧 그들이 내 이름으로 귀신을 쫓아내며
새 방언을 말하며 뱀을 집어올리며 무슨 독을 마실지라도 해를 받지 아니하며 병
든 사람에게 손을 얹은즉 나으리라 하시더라"(막 16:17~18).

이 외에도 성령의 역사에는 지혜의 말씀, 지식의 말씀, 믿음, 병 고치는 은
사, 능력 행함, 예언, 영 분별, 방언, 방언 통역(고전 12:8~10) 등 많습니다.

① 진동

"셋째 날 아침에 우레와 번개와 빽빽한 구름이 산 위에 있고 나팔소리가 매우 크게
들리니 진중에 있는 모든 백성이 다 떨더라"(출 19:16).

"빌기를 다하매 모인 곳이 진동하더니 무리가 다 성령이 충만하여 담대히 하나님의 말씀을 전하니라"(행 4:31).

"지키던 자들이 그를 무서워하여 떨며 죽은 사람과 같이 되었더라"(마 28:4).

② 넘어지는 현상

"땅에 엎드러져 들으매 소리가 있어 이르시되 사울아 사울아 네가 어찌하여 나를 박해하느냐 하시거늘"(행 9:4).

성령의 역사뿐 아니라 귀신이 나가거나 역사할 때도 넘어집니다.

"더러운 귀신이 그 사람에게 경련을 일으키고 큰 소리를 지르며 나오는지라"(막 1:26).

"귀신이 어디서든지 그를 잡으면 거꾸러져 거품을 흘리며 이를 갈며"(막 9:18).

③ 몸부림 · 경련

"귀신이 소리 지르며 아이로 심히 경련을 일으키게 하고 나가니 그 아이가 죽은 것 같이 되어 많은 사람이 말하기를 죽었다 하나"(막 9:26).

몸부림, 경련 등이 때로는 강력한 성령에 의한 외적인 표현으로 나타나기도 합니다. 이러한 현상은 제 사역 속에서도 종종 나타납니다. 때로는 그 사람의 성격에 따라서 나타나는 현상이며 모습도 다양합니다.

④ 웃음

"그때에 우리 입에는 웃음이 가득하고 우리 혀에는 찬양이 찼었도다"(시 126:2).

"웃음으로 네 입에, 즐거운 소리를 네 입술에 채우시리니"(욥 8:21).

"사라가 이르되 하나님이 나를 웃게 하시니 듣는 자가 다 나와 함께 웃으리로다"(창 21:6).

⑤ 찬양·춤

"이에 그 입이 곧 열리고 혀가 풀리며 말을 하여 하나님을 찬송하니"(눅 1:64).

"뛰어 서서 걸으며 그들과 함께 성전으로 들어가면서 걷기도 하고 뛰기도 하며 하나님을 찬송하니"(행 3:8).

⑥ 신유

"손을 내밀어 병을 낫게 하시옵고 표적과 기사가 거룩한 종 예수의 이름으로 이루어지게 하옵소서 하더라"(행 4:30).

제 사역 속에서도 갖가지 치유의 기적을 보면서 성령의 일하심에 깜짝 놀랄 때가 있습니다.

"믿음의 기도는 병든 자를 구원하리니 주께서 그를 일으키시리라 혹시 죄를 범하였을지라도 사하심을 받으리라 그러므로 너희 죄를 서로 고백하며 병이 낫기를 위하여 서로 기도하라 의인의 간구는 역사하는 힘이 큼이니라"(약 5:15~16).

"친히 나무에 달려 그 몸으로 우리 죄를 담당하셨으니 이는 우리로 죄에 대하여 죽고 의에 대하여 살게 하려 하심이라 그가 채찍에 맞음으로 너희는 나음을 얻었나니"(벧전 2:24).

"심지어 병든 사람을 메고 거리에 나가 침대와 요 위에 뉘이고 베드로가 지날 때에 혹 그의 그림자라도 누구에게 덮일까 바라고"(행 5:15).

이 사건들은 문자적인 것이 아닌 실제적인 사건들입니다. 제 사역 속에서도 똑같은 현상들을 보았습니다. 저의 겉옷을 덮을 때나 제 슬리퍼를 신을 때 쓰러지며 귀신이 떠나 웃고 치유되는 역사들이 일어났습니다. 성령님은 지금도 여전히 일하시고 계십니다.